伟人的青少年时代

朱　德

郑春兴　主编

时代文艺出版社

图书在版编目（CIP）数据

朱德／郑春兴 主编. —长春：时代文艺出版社，2012.6（2022.6重印）

（伟人的青少年时代）

ISBN 978-7-5387-2749-4

Ⅰ.①朱... Ⅱ.①郑... Ⅲ.①朱德（1886~1976）—生平事迹—青少年读物 Ⅳ.①K827-7

中国版本图书馆CIP数据核字（2012）第095571号

出 品 人　陈　琛

责任编辑　冀　洋

排版制作　刘　薇

朱　德

郑春兴 主编

出版发行／时代文艺出版社

地址／长春市福祉大路5788号　龙腾国际大厦A座15层（130118）

总编办／0431-81629751　发行部／0431-81629758

官方微博／weibo.com/tlapress

印刷／三河市东兴印刷有限公司

开本／660mm×940mm　1／16　字数／100千字　印张／10

版次／2009年6月第1版　印次／2022年6月第8次印刷　定价／36.00元

图书如有印装错误　请寄回印厂调换

本书编委会

主　编：郑春兴

副主编：张耀军　朴景爱　辛宏志　杨　厦　张李昂
　　　　　李赫男　王艳春　戚　新　孙伟国　张桂兰
　　　　　于淑丽　于克敏　孙惠欣

编委会成员：（以姓氏笔画为序）
　　　　　马　锋　刘　伟　李文太　杨开银　张春昊
　　　　　杜　葳　李　颖　胡汉军　项　和　蒋玉容
　　　　　韩国义

目 录 MULU

1

除夕逼债

　　除夕夜，外面下着大雪，屋里很冷，只有一个火盆的热气，无法抵御从墙窟窿、门缝和窗缝钻进来的寒风。

　　火盆旁围坐着朱家一大家子人，紧挨火盆的是女人和孩子。一盏油灯半死不活地亮着，火苗被风吹得摇摇晃晃的，小代珍的母亲钟氏还在灯下缝补一件旧褂子。

　　九岁的小代珍窝在祖母的怀里，又冷又饿，使他无法入睡。他想去啃那几个糠面的冻饽饽，可又怕母亲不让，因为那是给弟妹们留着的。现在，弟妹们已经在大人们的怀里睡着了。

　　屋里很静，可以清楚地听见地主"丁阎王"家燃放的"噼里啪啦"的鞭炮声。

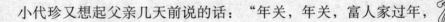

小代珍又想起父亲几天前说的话："年关，年关，富人家过年，穷人家过关啊。"

这时，就听祖父说：

"大年三十下这么大的雪，是个好兆头哩！明年会有个好收成喽。"

祖母叹了口气，接着说：

"老天爷也该睁睁眼了，再像今年这样受灾，咱们可真没法儿活了。"

话音未落，外面传来"咯吱咯吱"的脚步声。

伯父惊道：

"谁来了？这大过年的……"

"嘭"的一声，门被踢开了，寒风裹着雪片扑进屋来。

小代珍吓得一哆嗦，探头望向门口。

见地主"丁阎王"家的丁管家和两个狗腿子晃进屋来，狗腿子手里提着灯笼。

小代珍知道他们又是来逼债的，腊月二十三小年那天，他们已经来过了，说交不上租子别想过年。

祖父叹了口气，先开口说：

"你们真做得出啊！这大年三十你们来逼债，这不是往死路上逼

　　四川省仪陇县马鞍场琳琅寨李家垮。1886年12月1日，朱德诞生在这里的一个佃农家庭。

我们吗！"

　　小代珍的两个哥哥代历、代凤挺身站起，愤怒地握紧了拳头。

　　代历说：

　　"你们回去告诉'丁阎王'，我们没有租子交。你们过年吃鸡鸭鱼肉，我们还饿肚子哩！"

　　代凤也说：

　　"今年受了灾你们不是不知道，可不减租子，还要加租！'丁阎王'真比阎王还恶毒！"

　　丁管家把三角眼一瞪，说：

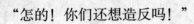

"怎的！你们还想造反吗！"

祖父忙喝住代历、代凤，对丁管家说：

"大管家，你别生气，他们还都是小孩子，不懂事。家有千口，主事一人，有话你冲我说。"

丁管家冷冷地哼了一声，说：

"我家老爷说了，限你们两天把租子一点不少地交上。不然，就抽地，你们也得搬家。"

祖母忙说：

"大管家，你和老爷说说，求他开开恩，再多宽限我们几天吧，这大过年的……"

丁管家把手一挥，厉声说：

"不行！一天也不能宽限了！不交租子，你们就滚蛋！"

说完，领着两个狗腿子走出门去。

代历去关好门，骂道：

"我真想揍这三个王八蛋一顿！"

小代珍的父亲瞪了代历一眼，说：

"你老实点吧！咱们惹不起人家哟！"

代历只好悻悻地坐到一旁，不再吭声了。

没人再说话，小代珍听见大人都在唉声叹气，见祖母悄悄抹着眼泪。

沉默了一会儿，祖父说：

"分家吧，咱们不求他'丁阎王'，哪里的黄土不埋人！"

"咋分？"伯父问了一句。

祖父说：

"让老二他们一家去陈家鱠租种新田，其余的人回大鱠种祖业田。"

小代珍的父亲朱世林在兄弟四人中排行第二，祖父说的"老二一家"，就是指小代珍一家。

大伯父叫朱世连，已结婚，小代珍过继给大伯父当儿子。分家时，他得跟随大伯父一家去大鱠。

正月初二，伯父朱世连一早就出门了，好不容易借回来二百吊钱，又把伯母刘氏陪嫁的一副银饰典当了一百吊钱。用这三百吊钱，赎回了大鱠典当出去的三间茅屋和七挑（一亩约五挑）祖业田。

朱家祖籍是广东省韶州府的客家人，明末清初"湖广填川"时，迁居四川。

清朝乾隆末年，朱氏先祖带着四个儿子从营山迁到仪陇县马鞍场。后代在马鞍场的大塆定居。随着家族的繁衍，人们便称这里为"朱家大塆"了。

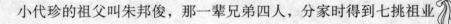
小代珍的祖父叫朱邦俊，那一辈兄弟四人，分家时得到七挑祖业田。这点地实在不够维持生计，他们在1882年，把土地和茅屋典当了三百吊钱，然后全家迁到离"朱家大塆"两公里的李家塆，租佃了地主丁邱川（"丁阎王"）家八十挑田地，就此沦为贫苦的佃农。

而他们一家住的是地主家用来存放粮食的仓库，光线昏暗。

小代珍1886年12月1日（农历丙戌年冬月初六），就出生在这寒冷的"仓屋"里。

他虽然过继给伯父，可不分家时，一大家子人在一起吃住，他也没离开父母。

正月初四，小代珍要离开父母、哥哥、弟弟和妹妹了。他哭着和家人分别，随伯父一家回了"朱家大塆"。

迁回"朱家大塆"的还有祖父、祖母、三叔朱世和、四叔朱世禄。

就这样，小代珍离开了生活九年的琳琅寨下的李家塆，也离开了他读的丁家私塾。

回到"朱家大塆"，小代珍还能继续读书吗？

求学的艰辛

　　小代珍是六岁那年入的私塾，当时和他同入私塾的还有他的两个哥哥，他们入的那个私塾叫药铺垭私塾，塾师是小代珍的远房堂叔朱世秦。

　　塾师一面教书，一面行医，家里开了一个小中药铺。

　　因为是亲戚，塾师没多收钱，哥仨一年给四百吊铜钱。

　　在药铺垭私塾读书的全是农家子弟。小代珍年龄最小，但他最聪明，也肯学习，所以记得的字最多。

　　塾师非常喜欢小代珍，别的同学中午要跑回家吃饭，有时他就留小代珍在自己家吃午饭。

　　在药铺垭私塾小代珍读了一年，然后就转到了丁家私塾。

为什么要转学呢?

因为在药铺垭私塾,小代珍读完了《三字经》《大学》《中庸》《论语》等书,塾师也再教不出别的了。

转学时,两个哥哥都不读书了,因为家里实在负担不起学费了。由于小代珍读得好,家里决定让他继续读。

小代珍家祖祖辈辈没有一个识字的人,饱受没有文化的欺凌与痛苦。家里大人们想培养出一个读书人"支撑门户",不再受那些税吏差役们的欺侮。近一点说可以帮家里打打算盘,远一点说也希望他长大有出息,改变朱家的生活和地位。

丁家私塾是财主"丁阎王"家办的,塾师是个秀才,很有学问。

小代珍进丁家私塾每年要交七八石稻谷,可只能上半天学。

来丁家私塾读书的只有他一个外姓学生,其余三十六名学生全姓丁。这些学生,特别是财主家的孩子瞧不起小代珍,想方设法欺负他。

他们故意把"朱"写成"猪",骂小代珍是"小猪崽"。

小代珍气得鼓鼓的,可记着家里大人的劝告,一直忍让着。

他的忍让被看成是软弱,那些孩子们骂完,还打他,甚至揪住他的小辫子说"牵猪"。

小代珍愤怒了。有一次狠狠地进行还击,把三个欺负他的孩子都打哭了，可他一滴眼泪没掉，大声说：

　　"别仰仗你们有钱有势就欺负人，我忍让，我不是怕你们！"

　　尽管这样，小代珍为打架的事还是遭到家里大人们的批评。父亲生气地要罚他一顿不许吃饭，是祖母心疼他，说情才免受处罚。

　　小代珍一面读书，一面帮家里干活儿。他割草、劈柴、放牛、拾肥，身体锻炼得很健壮。

　　直到搬离李家塆，小代珍在丁家私塾读了两年。这期间除读了"四书"，还读了《诗经》《书经》，并且开始学作对联。

　　小代珍是个懂事的孩子，知道家里穷，大人们省吃俭用供他上学不容易，所以读书非常刻苦。

　　小代珍跟随伯父一家迁回"朱家大塆"后，他失学了一年，因为家里没钱供他上学。他只好帮着大人们干活儿，在空闲时读读书，写写字。

　　伯父朱世连很心疼小代珍，不想让他就这样"半途而废"，于是在迁回大塆的第二年，又把小代珍送到一家私塾里读书。

　　这家私塾位于马鞍场附近，叫席家砭私塾馆。

　　塾师叫席国珍，是个年近半百的读书人。他学识渊博，刚正不阿，经常仗义执言为穷人打抱不平，深受乡亲们敬重。

　　当听伯父说他们在李家塆被财主除夕逼债，不得不迁回大塆时，席国珍爽快地说：

"把孩子留下吧，学费可以缓交，实在没有就算了。地不种误一年，人不学误一生。"

小代珍入学后，席国珍给他取字，叫"玉阶"。所以，到席家碥私塾后，他就叫"朱玉阶"了。

席家碥私塾离"朱家大湾"有八里路。小代珍每天清晨起床后，干点家里的活儿，吃完早饭再去上学。不论冬夏，不论刮风下雨，每天他要来回四趟，每趟都是小跑。因为晌午回来肚子饿，晚间回来怕天黑，长年累月的锻炼，让小代珍养成了走路快的习惯。

他家迁回大湾后，又租了三亩地，一到农忙季节，小代珍就得停学，到田里劳动。一年读书只能有七八个月的时间。

席国珍不像别的私塾老师那么陈腐，他有骨气，懂人情世故，思想开明，喜欢谈古论今。

席国珍非常痛恨清政府的腐败和昏庸，对帝国主义侵略中国更是义愤填膺，常常破口大骂。

他还教育学生们要好好读书，长大做一个救国救民的好人。

他经常给学生们讲故事：唐末的黄巢农民起义，明末的李自成农民起义，清朝时的太平天国起义都是他常讲的内容。

当得知中国甲午战争战败，清政府与日本签订了丧权辱国的《马

关条约》后，席国珍对学生们说：

"这样的政府已经把我们的国家引向了绝路，我们不推翻它，就永远会在黑暗之中煎熬。"

小代珍鼓足勇气，问：

"先生，怎样才能推翻它呢？"

席国珍把目光定在小代珍的脸上，说：

"起义，就像李自成推翻大明朝那样。"

小代珍非常敬重席国珍，对他说的话也深信不疑。

随着年龄的长大，小代珍读的书越来越多："四书五经"、诗词歌赋、《纲鉴》、二十四史、《左传》……还有戊戌变法后出版的新书，如地理、数学等。

此外，小代珍还去同学吴绍伯家借书看。吴绍伯出身书香门第，家中藏书很多，包括一些"新学"书籍。

在吴绍伯家，小代珍第一次看见地球仪，才知道地球是圆的，萌生了走出家乡到外面看看大世界的念头。

"吃大户"

1894年的春夏，川北地区发生了严重的干旱灾害，毒辣的阳光每天都照射着干旱得裂开了口子的土地，禾苗早已枯死。大批的灾民拖儿带女，背井离乡，开始了逃荒生涯。

这年夏天的一天，朱代珍在家里突然听到从远处传来嘈杂的声音，呐喊声、呼号声乱成一片。接着，传来了一阵紧急的锣鼓声，朱代珍不晓得究竟发生了什么事。大人们告诉他这是"丁阎王"在叫佃农去为他看家护院的信号。

平时，"丁阎王"把佃农们当牛马使唤，现在又要佃农们为他去卖命送死。朱家的大人们沉闷地坐在堂屋里，没有动弹。

"吃大户！吃大户！"的呼号声越来越响亮。

朱代珍问大人们："啥子是吃大户？"

大人们没有回答他。

第二天，朱代珍在割牛草时，亲眼看到不远处有一队数百名的官兵，一路吆喊着飞奔而来。

他立刻躲到丛林里，看到过来的这一队兵马，全是黑衣、黑袄，头上包着黑巾，脚上穿着绳鞋，衣衫的前后都缀着白底黑字的"兵"字，提着火枪，背着大刀，正在追赶着大批"吃大户"的灾民。

渐渐地，一群群穿着破衣烂袄的灾民扑倒在血泊中，景象惨不忍睹。

据几个到他家投宿的过路人讲，这些灾民就是因为连年的灾荒逼得他们走投无路，才携儿带女出来"吃大户"的。他们在逃荒的路上，一遇到地主的大宅院就拼了命地冲进去，打开粮仓，拖出猪羊，大吃一顿。

然后又漫无目的地走在逃荒的路上。官府为了地主们的安危，一路派兵追杀。朱代珍这时才明白，原来"吃大户"的贫苦灾民是为了活命被逼出来的。

"吃大户"的惨象，在朱代珍的记忆中留下了不可磨灭的印象。

连年的灾荒，也使朱家的生活更加困难，全家人每天只吃两顿稀饭，以野菜、豆叶、树叶和米糠掺和在一起充饥。

直到秋初，老天爷才下了一场雨，给饥苦的农民带来了一线希望，全家老少一齐来到地里，抢种了点瓜菜和秋粮，总算是熬到了年关。

进入新学堂

小代珍长大了，他从十岁到十八岁，一直在席国珍的私塾里读书。他在席先生的启蒙和引导下，思想认识跳出了"支撑门户"、"光宗耀祖"的狭小的小圈子，懂得了要救家更要救国的道理，开始萌发了朴素的爱国主义思想。

1905年，朱代珍十九岁了，他决定去县城参加县试。

当时的科举考试是知识分子的唯一出路。按清朝的科举制度规定，须通过县试、府试和院试后，才能成为秀才。

朱代珍家里人都希望他去考试，以此提高他的社会地位，也就是考取功名。毕竟断断续续、辛辛苦苦读了这么些年书，不考一考连他自己也不甘心。

家里只给了他一吊钱，好在到仪陇县城只有七十四里，可以走着去。

就这样，朱代珍带着家人和亲朋好友的期望，步行到县城参加县试。

他到县城后先在县署礼部检查了身体，他身体健壮，非常健康。然后，到文庙报名，报名时改名为"朱建德"。

经过几场笔试，县试很快就考完了。

不久，县试发榜，在一千多名考生中，朱代珍名列二十名以内——他顺利通过县试。

喜讯传到家乡，朱家亲朋好友无不高兴万分，连乡亲们也来道喜。

朱代珍又开始认真的读书，准备参加一年后的府试。

府试要去四川省顺庆府考。

由于朱代珍顺利通过县试，亲朋好友都对他寄予很大希望，纷纷解囊帮助朱家，凑他去府试的路费。

朱代珍也真争气，府试又顺利地通过，成绩比县试还好。

这样，朱代珍离秀才只差一步了。朱家人甚感欣慰，由朱代珍光宗耀祖的愿望就要实现了。

然而，就在这时候，清朝政府推行"新政"，废止了旧的科举制度。朱代珍想考完院试而成为秀才的愿望落空了。

他如果想求得功名，必须再去读新学堂。

他对新学堂非常向往，可他知道家人不会同意他去读新学堂，一则家人对新学堂不了解，二则家中实在也没钱再供他了。

思来想去之后，他去找席国珍，请求席先生出面为他说情。

席国珍很支持他去读新学堂，不仅说服了朱家人，还帮朱家凑了朱代珍的学费。

1906年春天，朱代珍徒步来到顺庆府上学。他先在南充县读了六个月高等小学，又考入了顺庆府官立中学堂。课程有国文、数学、历史、地理、外语、法制、美术、体育、格致（物理、化学）等。

在顺庆府中学堂里，聚集着一批具有科学知识和维新思想的有识之士，其中最著名的有校长张澜，教理科的教师刘寿川。

两人都在日本留过学，受到过孙中山的革命思想的影响。张澜和刘寿川在学生中宣扬救国救民的思想，可以说是席国珍的宣传的继续与深入，使朱代珍"读书不忘救国"的思想更加根深蒂固。

由于朱代珍与刘寿川有点亲戚关系，他课余时常去刘寿川家，听刘寿川给他讲孙中山在日本创建同盟会的情况，还看到了革命党人邹容写的《革命军》这本书。

朱代珍在顺庆府中学堂苦读了一年，然后接受刘寿川的建议，决定到成都求学。

1907年他毕业时，赠给同窗好友戴与龄一首诗，可见他的志向：

骊歌一曲思无穷，

今古存亡记忆中。

污吏岂知清似水，

书生便应气如虹。

恨他虎狼贪心黑，

叹我河山泣泪红。

祖国安危人有责，

冲天壮志付飞鹏。

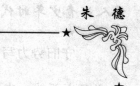

体育教员

朱代珍从成都体育学堂毕业时，他的老师刘寿川推荐他到仪陇县立高等小学堂任体育教习兼庶务。

在这变革的年代，新旧势力之间的冲突十分激烈。在仪陇县这样一个偏僻的山区县城里，也是这样，很多人千方百计地对新学堂进行破坏。

1908年，曾受过两年新式教育的朱代珍，来到仪陇县立高等小学堂，立志要为家乡人民做点有益的事。

由于守旧派的反对，通过艰辛的努力，才招来十二个学生。学堂里的教员和办事人员共有五个，他们的名字是：刘寿川、田玉如、朱代珍、张四维、李绍沆。

守旧势力写了一首打油诗讽刺他们说："十二学生五教员，口尽义务心要钱；未知此事如何了，但看朱张刘李田。"他们散布谣言，说这些新教师是"假洋鬼子"，教的是野蛮的思想，有损于国粹。

还说朱代珍教的体育课上学生们穿的是短裤和裤衩，是"猥亵的课程"，有伤风化。

谣言传到县里，县里马上派人去查封学堂。朱代珍和其他教师联合一些进步人士据理力争，终于迫使县里收回成命。

学堂于是又重新开学，学生由原来的十二人增加到七十多人。守旧派再次对学堂进行干扰，平时对人宽宏大度的朱代珍，面对这种无理的野蛮行为再也忍无可忍，组织学生学习武术，实行自卫。

朱代珍，这个农民的儿子，本来属于很下层的人，现在做了县里最高学府的教员，所以遭到了守旧分子的忌恨，受到他们的排挤。当时，乡绅们请客时，还是要邀请教师赴宴的。

但朱代珍很少接到请帖，即使偶尔被请去，入座时也不能在上席。那年，孔子的诞辰，学堂的师生参加"祭庙"活动，按惯例要给教师分一两斤"胙肉"，可朱代珍却没有分到，这对于当时的教育工作者来说，是一种莫大的耻辱。朱代珍对这些却毫不在意，他说：

"不吃那点肉，我的心里倒感觉舒服些。"

在仪陇县高等小学堂教学一年，这是朱代珍第一次投身到现实社会中独立谋生，这一年的经历对朱代珍产生了很大的影响，使他看透了许多世事，对封建社会的腐败和黑暗更加深恶痛绝，加上学堂里的同事之间也存在着互相排挤的现象，使他感到教书不是一条生路！他毅然辞去了教师职务，决心到外面的世界去闯一闯。

投军之路

天刚麻麻亮，朱代珍收拾好行装，把伯母为他煮的几个鸡蛋揣进怀里，告别伯父、伯母，走上了那条出山大道。

这时1909年春节刚过，天还很冷，寒风刀子似的刮着他的脸，为了取暖他不得不小跑起来。

朱代珍这是要去哪里？

他要步行去成都，然后找到同学敬镕一同去云南报考陆军讲武堂。

朱代珍早就想投笔从戎了。

1907年他去成都求学，原想报考武备学堂，可写信征求家里意见，家人坚决不同意，他只好改报考四川高等学堂附设体育学堂——

这是专为培养体育教师而开设的。

朱代珍在体育学堂学了一年，正赶上刘寿川回仪陇县创办县立高等小学堂，他应邀回到家乡在那所高等小学堂当体育教师。

开始他挺高兴，工作也很积极。指望守家在地可以照顾父母家人，还能把几年读书欠下的债还上。

可是由于正处在变革时代，新旧势力冲突得十分激烈。朱代珍所在的县立高等小学堂受到了守旧势力的恶毒攻击，为此朱代珍很痛苦。

恰在这时，他接到了一封从成都来的信，是他同学敬镕写来的。敬镕告诉他说云南陆军讲武堂开始招生，约他一同去报考。

这封信又点燃了朱代珍投军激情。

他的想法得到了良师益友刘寿川的大力支持。

刘寿川对他说：

"国家正在危难之时，从军可以更直接地保家救国。一个人要有大发展，首先要胸怀大志！"

朱代珍受到鼓舞，说：

"我也是这么想的，救国家危难，笔不如枪。"

刘寿川说：

"你先别和家里说明，费用我帮你凑。"

不与家里说明，只得告诉家里他要去成都上官费学堂，毕业后很有前途。

伯父不太相信：

"还有不收费的学堂？"

朱代珍说：

"有。还管吃穿。"

伯父又说：

"那也不能不带点钱啊。"

朱代珍说：

"我和我三叔说了，他给我带盘缠，用不多少，反正我走着去成都。"

朱代珍的三叔做小买卖，手头总不断钱。

伯父点了点头，说：

"那你就去吧，你也大了，也见过世面了，你的选择应该不会错的。"

就这样，朱代珍满怀豪情，踏上了投军之路。

这次去成都朱代珍整整走了十二天。由于钱少，路上能不吃东西就不吃了，夜晚住宿也从不投店，自是非常艰辛。

到成都见到同学敬镕，两个人冒着早春的寒风，又踏上了去云南的漫漫旅途——他们还是步行。

他们一路上经嘉定、叙府进入云南境地，又经过昭通、东川而到达云南省会昆明。历时七十多天，行程三千多里。他们没有坐船，没有乘车，全是靠铁脚板一步一步走过来的。路上还要过嘉陵江、金沙江；还要经过大凉山、五莲峰；还要穿越原始森林，其跋涉的艰难，不言而喻。

到昆明后，两人找个便宜的小客栈住下，第一件事就是写家信报平安。

朱代珍在信里说了实话，请求家人们的原谅，并讲了一些"从戎救国"的道理。

等到报考时，却出了岔头：

敬镕用云南昭通府大关厅的籍贯被录取；而朱代珍用的仍是四川原籍报考，却因是外省人而未被录取。

这时他的盘缠也花光了，再说他也不死心，就先投入新军步兵标（团）当兵，改名为"朱德"，籍贯改为"云南省临安府蒙自县"。

在新军中，由于朱德文化高，身体好，在入伍后的基础训练中成绩优异，很快升为队部（连）司书（文书）。两个月后，经标统（团长）罗佩金推荐，再次投考讲武堂。

这一次，朱德被录取了，一切公费，入丙班步兵科。同班同学

1909年春，朱德为了寻求新的生活道路，追求光明，远离家乡，去云南昆明。同年11月，朱德考入云南陆军讲武堂。图为云南陆军讲武堂校门。

有范石生、唐淮源、杨希闵、董鸿勋、杨池生、王均、金汉鼎、朱培德等。

云南陆军讲武堂分设甲、乙、丙三个班。

甲班和乙班学员都是现役军官，只有丙班才是招收的青年学生。

讲武堂的军事教育和训练，要求非常严格。它设有步兵、骑兵、炮兵、工兵四科，各科的军事教材使用日本士官学校的教材。

教材分大教程：战术学、兵器学、军制学、地形学、交通学、筑城学、马学。又分小教程：步兵操典、野外勤务、射击教范、阵中要务令。

为了培养学员实际指挥能力，还有图上战术作业、沙盘教育、实地测绘和野外作战实习等。

讲武堂的监督（后任总办）李根源和教官罗佩金、方声涛、顾品珍、李烈钧、唐继尧、赵康时等都是日本士官学校的毕业生。

他们当中有不少人在日本学习期间就参加了孙中山领导的同盟会，拥护孙中山倡导的"驱除鞑虏，恢复中华，创立民国，平均地权。"的革命主张，有着强烈的反清情绪。

归国后，除少数人到新军中担任中级军官外，大多数人都去开办讲武堂。这些人不仅创立了新军和培养军事人才，而且都成为辛亥革命的骨干力量。

设在昆明承华圃的讲武堂，每天早晨，当军号声迎来黎明之后，学生们在教官的率领下，就开始了一天的军事训练生活。在那宽阔的操场上空响起那首鼓动人心的讲武堂堂歌：

> 风云滚滚，
>
> 感觉它黄狮一梦醒。
>
> 同胞四万万，

互相奋起作长城。

神州大陆奇男子,

携手去从军。

但凭那团结力,

旋转新乾坤。

哪怕它欧风美雨,

来势颇凶狠。

练成铁臂担重任。

壮哉中国民!壮哉中国民!

堪叹那世人,

不上高山安知陆地平。

二十世纪风潮紧,

欧美人要瓜分。

枕戈待旦,

奔赴疆场。

保家卫国,

壮烈牺牲。

安知从军事,

是男儿本分。

鼓起勇气向前进，

　　壮哉中国民！壮哉中国民！

　　每当唱起这支歌时，朱德格外的激动和自豪，他觉得每一句歌词都反映了自己的心愿。几十年之后，他仍能唱这首令他终生难忘的歌。

　　朱德进入讲武堂以后，受到浓烈反清情绪的影响。在资产阶级民主思想的感染下，教官和学生的思想异常活跃，他们开始组织民团，传播西方的科学和民主思想。

　　入学不久，他就约集范石生、杨如轩、李云鹄等人以五华山为名，成立了"五华社"，以互助互励、拯救中华为宗旨，还结为金兰之交，立下了"有福同享，有难同当"的誓言。

　　在第一学期快要结束时，有一位同他较好的同学问他：

　　"你听说过同盟会吗？"

　　"听说过。我早在四川体育学堂读书时就听说过，还看过他们出的《民报》呢。"

　　"你愿意参加同盟会吗？"

　　"愿意。"朱德毫不犹豫地回答着。

　　"那是个反清组织，官府知道了要杀头的。难道你不怕？"

"有啥子好怕的。好男儿应当如此。"

"我们知道你是个要求革命的热血青年，只要你不怕死，我可以介绍你参加同盟会。"

朱德加入同盟会不久，又介绍"五华社"成员也都加入了同盟会。在同盟会组织的秘密活动中，他们除了讨论军事起义之外，大都是学习当时的进步书刊，以便武装自己的头脑。

智斗密探

反清的革命运动在全国各地蓬勃发展，各种宣传鼓动刊物相继出版：《民报》《天讨》《汉声》《汉帜》《革命军》《警世钟》《猛回头》《夏声》《新世纪》等等，都从不同渠道秘密传入云南讲武堂。

不少进步青年争着私下传阅，从中吸收革命营养，其中，不少青年就是在这些刊物直接影响下，加入同盟会，走上了民主革命的道路。

那时云南有个叫叶尔凯的提学使（相当于教育厅长），获悉有大量的禁书传入云南，在青年学生中广为传阅，便派警探潜入学生之中侦察，并密报云南总督李经羲，说禁书传播最盛的是讲武堂。

《民报》

李经羲看到密报之后，非常紧张，如坐针毡。他把同盟会当成死对头，视进步书刊为洪水猛兽，当即下令各地知府衙门，马上派出密探装扮成新军的军官，潜入讲武堂，昼夜侦察，如果发现传看禁书者，立刻缉拿归案，不能有误。

知府衙门接"旨"后，立刻搜罗一帮鱼肉百姓、横行乡里的流氓恶棍，换上军装钻进讲武堂。

有一天，是个星期天。

讲武堂里，格外寂静。同学们经过一周的紧张训练，好不容易盼来一个星期天，都三三两两出去游玩，只有朱德没有外出，这正是他读书的好时光，休息日读书已成为他的习惯。

昨晚，刚从同盟会的同志手里借到一本禁书，做完早操，他就进了教室，埋头看了起来，以便阅后尽快传给他人阅读。

将近中午时，朱德仍坐在教室里专心致志看着那本书，以至于有人走进教室，他毫无察觉。

猛然间，一只大手拍在朱德的肩头上，并喊道："你是革命党，跟我走！"

朱德大吃一惊，抬头一看：这不是经常出现在讲武堂的那个密探吗？今天真倒霉，不该麻痹，看来这关难过了。

"你记错人了吧。我不姓'革'，我姓朱，叫朱德。"朱德装糊涂，沉着地回答。

"你不是革命党，那一定是同盟会了？"密探紧追不舍地问着。

"长官，我不是'终梦惠'，我真的叫朱德，在丙班步科。你要不信，可去问罗佩金教官和李根源总办。"

"你别跟我打哈哈。你不是革命党，也不是同盟会，那在这里干什么？"

"我在看书。"说着，朱德已把书合起来，将书背朝上。

密探把他的所有举动看的真真切切，心里在窃喜今天终于逮住一个革命党了，人赃俱获，就等着回去报功领赏了。

密探冷笑一声说：

"我知道你在看书，那你在看啥子书？老实对你讲，我早就发现你了。今天你插上翅膀也飞不了！"密探说着，一把抢过那本书，狡黠地盯着朱德，把书打开一看，封面上画的却是"刘关张桃园三结义"，顿时感到失望了。这不是在变戏法吧？

这时，朱德十分冷静地说：

"长官，我是在看《三国演义》，刚才正在看诸葛亮巧施空城计，入迷了，不晓得有人进来，实在对不起。"

密探歪着头斜着眼，把那本书拿在手里，心不在焉地翻了翻说："《三国演义》可是本好书。"

"你读过吗？"朱德笑着问。

"看过，看过，当然看过。关云长耍大刀，诸葛亮用计谋，是哪个也比不了的。"

其实呢，知府衙门派到讲武堂来的密探，都是斗大字不识几个的地痞流氓。关云长、诸葛亮的名字都是看戏时听来的，哪读过什么《三国演义》！

此时，朱德已看出密探的尴尬，故意借机戏弄他一下，好逼他把书还给自己，说：

"你能给我讲两段精彩的，我就不花时间看了。"

这一招还真起作用。密探马上推辞说：

"噢！今天我公务在身。'三国'嘛！改天再讲，改天再讲。今天还是你自己去看吧！"说着把书扔给了朱德，转身走出了教室。

密探走了。朱德虽然平安地蒙过了这一关，但他再也没有心思看书了。

　　他找到范石生、唐淮源等人，把同密探斗智的一事讲给他们听，逗得他们哈哈大笑，都说朱德没有白读《三国演义》，学会了巧施计谋斗密探。在禁书外罩个别的书皮，这在兵书上叫"偷梁换柱，李代桃僵"。用这个办法传阅禁书，还能把密探的眼睛遮住。

　　从那以后，大家都照此去做。在同盟会会员和进步青年手中传来传去都是《三国演义》《水浒传》《红楼梦》以及《七剑三侠》一类的武侠小说。

　　殊不知，那都是些披了一层伪装的"禁书"。从那次事件之后，同学们就常用"玉阶兄看三国——蒙人"的歇后语同朱德开玩笑。

　　在讲武堂期间，朱德各方面表现都非常优秀，与朱培德并称为"模范二朱"。

　　因为新军急需补充军官，讲武堂就从丙班学员中挑选出一百名成绩较优者编成特别班，把一年半的军事课程压缩到八个月学完。这样1911年7月，朱德提前毕业了。

名将风采

朱德毕业后被分配到云南新军十九镇第三十七协第七十四标第二营左队，见习期满后，被任命为左队司务长，授少尉军衔。

第三十七协的协统（旅长）就是刚从广西调来不久的蔡锷将军。

朱德作为司务长主管全连百十号人的后勤，与士兵们经常接触，混得非常熟，新兵老兵都愿意和他交朋友。于是他就在士兵中进行革命宣传。当然这是很危险的工作，从事革命活动一经被查获就得被砍头。

1911年10月10日，震惊全国的武昌起义爆发了。起义主力是湖北的新军。

九天后，蔡锷和云南新军中的同盟会会员罗佩金、唐继尧、刘存厚、雷飚四人密议，准备起义。

蔡锷原在广西新军任职，他是被云贵总督李经羲调往云南，任陆军第十九镇第三十七协协统。

蔡锷，字松坡，出身于湖南邵阳一个贫困的家庭。他自幼就聪颖异常，沉着刻苦，有"神童"之称。他是日本士官学校第三期的毕业生。

蔡锷

第三十七协司令部同讲武堂毗邻。有强烈求知欲的朱德经常光临蔡锷的办公室，向他借阅一些进步的书刊和报纸。

长时间的接触，使比蔡锷小四岁的朱德逐渐发现蔡锷思想的敏锐和坚韧不拔的品格，自己则越来越崇拜他。蔡锷也很喜欢勤劳、朴实、勤奋努力的朱德。

经过紧张准备，决定起义时间定在10月30日（农历九月初九日重阳节）夜里12时，蔡锷任起义军临时总指挥。

等到起义这天晚上9时，起义的士兵因准备子弹与值日队官发生冲突，开枪打死几个军官，起义提前发动了。

蔡锷获知，立刻下令第七十四标提前攻城。

朱德所在的部队正是第七十四标，他被指定接替连长职务，率部攻打总督衙门。

总督衙门被攻占后，朱德得知云贵总督李经羲藏匿在一个姓萧的巡捕家里，就带人前去搜索，终于把李经羲抓获，送交给蔡锷。

蔡锷对朱德的军事才能和政治才能十分赞赏。

11月10日，云南军都督府成立，蔡锷被推为都督。朱德虽然在这次起义中立了大功，可因资历尚浅，调任排长，率部在昆明城内担任防务。

11月15日，蔡锷派兵增援四川起义军，朱德随军参战，到12月中旬，他晋升为连长。

很快四川宣布独立，援川滇军回师昆明。五十年后朱德为此次战斗写诗一首：

忆曾率队到宜宾，

高举红旗援弟兄。

前军到达自流井，

已报成都敌肃清。

1912年秋，朱德调任讲武堂学生队区队长（每区约百人）兼军事教官，讲授战术学、野战学、射击术和步枪实习等军事课程，还指挥野外的实地演习。为了要教得好，朱德等于把以前所学重温了一遍。

这时袁世凯接替孙中山任民国临时大总统，使每个革命党人心头都罩上了一层阴云。

1913年夏天，朱德调到云南陆军第一师第三旅步兵第二团第一营任营长。

1914年初，发生了临安府兵变，朱德所在的陆军第一师调到临安一线布防。朱德所部负责蒙自、个旧一带。这里主要是土匪活动猖狂，而土匪头子叫方位，无恶不作，杀人如麻。

朱德率部在9月份进行围攻剿匪，激战之后，方位和十多名随从逃进一个店子里，负隅顽抗。因为地势易守难攻，朱德命人放火烧店，把方位等人击毙。

1915年9月，朱德又率两个连把残匪清剿殆尽，还一方平安，也使外国势力伙同土匪侵占边疆阴谋彻底失败。

由于朱德剿匪有功，先后被提升为团副、团长。

护国讨袁立奇功

　　1915年12月12日，大卖国贼袁世凯公然宣布恢复帝制。继而，全国人民义愤填膺，掀起了护国讨袁的爱国运动。

　　这时，担任滇军步兵第十团团长的朱德，听说袁世凯梦想做皇帝的消息之后，万分气愤地说："袁贼不除，祸害无穷！"

　　1915年12月下旬的一天，朱德在街头突然与一位从昆明来的老朋友相遇。

　　那人急忙给他敬了个礼，没有说几句，就嘱咐他说：

　　"今晚务必请到城外的小庙相会，我有要事相告。"旋即离去。

　　当晚，朱德甩掉帝制派的盯梢，按时来到城外小庙。来人已经等在那里，将一块碎布交到朱德手里。他打开碎布一看，一行熟悉的字

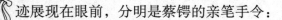

迹展现在眼前，分明是蔡锷的亲笔手令：

　　"按传令人的命令行事。"

　　"将军的命令，我朱德坚决执行。赴汤蹈火，在所不辞。"朱德说。

　　这人告诉他，蔡锷已秘密到昆明，议定于25日宣布云南独立，发兵讨袁护国，届时务必率部返回昆明，参加起义。当时，朱德表示坚决执行命令，转告蔡锷将军放心。

　　25日凌晨，朱德遵照蔡锷的命令，率部向师部发起进攻，帝制派的军官闻风逃跑。于是，他集合部队，讲述了全国护国讨袁的大好形势，声讨了袁世凯企图恢复帝制恶行，宣布执行蔡锷将军的命令。全体官兵热烈响应，并振臂高呼：

　　"拥护共和！"

　　"打倒大卖国贼袁世凯！"

　　起义军英姿焕发，浩浩荡荡，奔向东站，即刻登车，向昆明进发。

　　袁世凯策划的登基大典虽然告破，但他当皇帝的贼心不死，竟然挂起了"中华帝国"的臭名，并改用"洪宪"纪元。

　　在1916年1月1日，在中国大地的西南边陲，春雷阵阵，昆明举行了护国军誓师大会，发布了讨袁檄文，历数了袁贼"叛国称帝"的

　　1915年12月，袁世凯复辟称帝。12月25日，蔡锷、唐继尧等宣布云南独立，并组成护国军讨袁。朱德随护国军第一军进入四川，任第三支队长（团长），后任第七师十三旅二十五团团长。

十九大罪状。护国军军容严整，英姿勃勃，士气高昂，战士们迈着整齐的步伐，高唱着《出征歌》：

滇军勇敢世界惊，

护国扬威名；

誓擒袁逆兴义兵，

民国我主人；

健儿之名我敢领，

踊跃争前行；

宝刀在手霜刃横，

杀贼如杀虮；

快清八方光汉京，

共和千万龄；

光焰万丈民权伸，

看我华国扬威灵。

护国军第一军下辖三个梯团，往向川南进发。朱德部编为第三梯团六支队。22日，六支队从昆明出发，朱德骑着一匹高头大马，身后一杆绣有"朱"字的黄底黑边的三角队旗迎风飘扬，好不威风。他率领这支队伍开向护国讨袁的前线。

护国讨袁的消息传到北京后，袁世凯吓得魂不附体，坐卧不安，立刻下令组成"征滇临时军务处"，任命曹锟为川湘西路征滇军总司令，张敬尧任前敌总指挥，督率十几万大军从湘西、川南迎战护国军。

护国军第一军挺进川南后，开始进展顺利。由于刘云峰所率第一梯团在云南独立之前，已先期出发经东川、盐津入川。20日渡过金沙江后攻占了叙府（今四川宜宾）。赵又新的第二梯团和顾品珍的第三梯团，从贵州的华节入川后，取道叙永向泸州挺进。

泸州，是川南重镇，既为云南入川的必经之道，又是重庆的重要门户。地理位置非常重要。

2月6日，护国军的董鸿勋支队与护国川军刘存厚部的陈礼门团合力攻克了泸州对岸的蓝田坝。袁世凯立即派曹锟的第三师、张敬尧的第七师、李长泰的第八师一部及周骏的川军第一师向泸州增援。由于双方兵力悬殊，护国军首战失利。

这时，蔡锷发来急电，令朱德日夜兼程，急速前进，赶赴纳溪，接替董鸿勋的第三支队长职务。朱德率部经过两天的急行军，17日赶到纳溪前线。

此时，第三支队仍在顽强的战斗，特别是看他们的老团长来指挥，士气更加高昂，锐气不减。

朱德在战场整顿好部队后，立即宣布了战场纪律，说："要消灭北洋军，打倒袁世凯，就得不怕死，勇敢冲锋。在战斗中，士兵退，班长杀；班长退，排长杀；排长退，连长杀；连长退，营长杀；营长退，团长杀；我朱德退，全军杀！这是铁的纪律，人人都得遵守。"

随后，他马上指挥队伍冲锋前进，将敌军击退二三里，把部队布防在棉花坡正面的高地上，同据守在红庙高地的北洋军形成对峙。

棉花坡到纳溪城有十里，是通往纳溪的大道，为兵家必争之地，双方争夺尤为激烈。北洋军在此集结重兵，他们倚仗弹药充足，装备精良，昼夜不停地攻击护国军阵地。朱德率领全支队日夜坚守在阵地上。但部队伤亡很大，营长曹之骅中弹牺牲。

护国军兵分三路进行反击。朱德亲自带两个营和一个炮兵连，从棉花坡向菱角塘进攻。双方交战之后，北洋军借着居高临下的有利地形和坚固的防御工事，顽强抵抗。朱德则机动灵活，采取迂回战术，用一个营从正面牵制敌人火力，而把大部分部队绕到敌人侧面去攻击。敌军遭到出其不意的打击，损失惨重，立刻组织兵力向朱部正面反扑，突破了几个缺口。朱德在友军的支援下，经过激烈战斗，夺回了失去的阵地。

1916年2月27日，夜深人静，数百名官兵集结在营地上，等待朱德下达命令。

在寒风凛凛的夜里，朱德看着衣衫单薄但精神焕发的士兵们，大声说道：

"兄弟们，我们为了保卫共和远离家乡来到前线，同北洋军阀拼死作战。为共和而战，虽死犹荣。生为共和的人，死为共和的鬼。不推翻袁贼，我朱德死不瞑目。不打败北洋军阀我们对不起父母兄弟……"

官兵们被朱德激动人心的讲话所感染，举臂高呼：

"生为共和的人，死为共和的鬼！"

"不推翻袁贼，死不瞑目！"

"我们要血战到底！"

朱德这时更加严肃，向士兵们喝道："我们现在挑选敢死队，不怕死的，愿意跟我朱德去冲锋陷阵的，站出来！"

"哗啦啦"，几乎所有士兵站到他的面前。

"算我一个！"

"算我一个！"

"也算我一个！"

……

报名的呼喊声接连不断。朱德当场挑出八十名敢死队员。

这天晚上，夜深人静，朱德带着八十名敢死队员悄悄地进入敌阵地前的开阔地，潜伏下来。就等护国军发起进攻的命令。

黎明时，随着护国军总攻信号的发出，朱德率领敢死队突然跃起直插敌阵，同敌人展开白刃格斗。北洋军面对突如其来的护国军，吓得四处逃窜。敢死队员个个如猛虎下山，在震天动地的喊杀声中，越战越猛，冲向敌群。

后续部队冲上来了，一杆绣有"朱"字的队旗直冲敌阵，敢死队员紧跟扛旗人，连续夺下几处阵地。

这一仗，打得非常漂亮，朱德赢得了勇敢善战、忠贞不渝的声誉。在当地老百姓中流传起了："黄（永社）柜盖，廖（月江）毛瑟，金（汉鼎）朱（德）支队惹不得"的佳话。

朱德支队在棉花坡的战役中，奋战十六个昼夜，朱德在战斗中，身先士卒，冲锋在前，表现出大无畏的革命气概。

全国护国讨袁运动发展很快，3月15日，广西将军陆荣廷宣布独立，立即出兵湖南，准备向广东进军，这对袁世凯又是一个沉重打击。

在护国讨袁的大好形势下，3月27日，蔡锷决定对泸州发动第二次进攻。

这次，兵分三路：顾品珍梯团为中路；何海清支队和刘存厚部为

1916年秋，护国军攻克成都后留影。

左路；金汉鼎、朱德支队和义勇军张煦、廖月江支队为右路，向纳溪推进。而朱德在右路中，又担负着主攻任务。因此，蔡锷在3月15日在大州驿总司令部召见了朱德，向他说明了作战意图：

"逆军极无攻击精神。所以，我军只需在正面配置少数兵力，而用主力冲击其侧背，敌必溃逃。千万要告诉各级将领，指挥官的手中一定要多留预备队，便于运用。"

18日拂晓前，朱德支队开始进攻。前方敌军的北洋军第七师吴新田旅的第二十七、二十八两个团，不但武器好，战斗力强，而且兵力超过朱德支队三倍以上。这一带地形复杂，山峦起伏，路窄林密，渠沟水网纵横，易守难攻，行进十分困难。经过五昼夜的激战，朱德支队连续突破了敌军几道防线，一直攻到距泸州只有十几里的南寿的附近。

战斗中，朱德不仅注重战术的运用，同时还注意发动当地群众，取得群众支援。

一天，有一个放牛娃找朱德，很神秘地说："我知道北洋军的大炮藏在什么地方。我带你们去！"

朱德抚摸着放牛娃的头，称赞说：

"你真是个了不起的好娃儿！敢冒死来报告敌军的炮兵阵地，还要带我们去。要的，长大了也是个好样的。"马上吩咐左右，快去弄

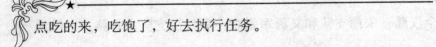

点吃的来，吃饱了，好去执行任务。

饭后，他同参谋们研究派一支突击队，随放牛娃绕到敌炮兵阵地附近，埋伏起来，当护国军发起进攻后，出其不意地进攻敌炮兵阵地，占领后，点火为信号。

朱德看到敌人后方浓烟腾空而起，知道是奇袭成功，立即命令部队发起进攻。霎时，号声、喊声、冲杀声响成一片，北洋军腹背受敌，大惊失措。这时，又遭到三支队猛烈炮火攻击，阵脚大乱，北洋军个个争相逃命。

从17日到23日，一周之内，护国军在长达百里的战线上，沉重地打击了北洋军，歼灭敌人九百多人，缴获大炮七门，机枪九挺，步枪九百余支，子弹十三万发，炮弹二百多发。

朱德支队经过五个昼夜的激战，连续突破北洋军几道防线，直插到距离泸州只有十几里的南寿山附近。这时却接到蔡锷停止进攻的命令。

原来袁世凯迫于国内外的巨大压力，3月22日宣布取消帝制，密令陈宧、张敬尧同蔡锷谈判停战。蔡锷为了让部队有时间休整和补充，便答应对方停战一周，后又延长一个月。

6月6日，袁世凯病死了，护国战争也就此结束了。而朱德作为一代名将却在护国战争中迅速崛起。

又开战局

护国战争结束后，朱德部改编的第七师第十三旅第二十五团，先后驻扎在四川的泸州和南溪。

在将近一年的时间里，朱德的生活一直比较平静，在大家的撮合下，他与南溪师范学校的毕业生陈玉珍结了婚。在这段时间里，他唯一感到痛苦的就是自己的良师益友蔡锷的逝世。朱德曾长期在蔡锷的领导下工作，蔡锷的死，给他的精神以沉重的打击。

蔡锷病逝后，唐继尧成为云南督军，是滇系军阀。这时北洋军也分裂成三大军阀：段祺瑞的皖系、冯国璋的直系、张作霖的奉系。

护国战争的胜利依然没能使中国走上一条光明的道路，这令朱德很失望。他那平静的生活没有维持多久。

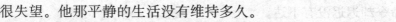

1917年夏季，中国的政坛再次掀起波澜。6月间，徐州军阀张勋借黎元洪免去段祺瑞国务总理职务的机会，率兵入京，强迫黎元洪解散国会，废弃《临时约法》，抬出溥仪实行复辟，激起全国人民的愤慨，后在声讨声中以失败告终。段祺瑞再次出任国务总理，他拒绝恢复《临时约法》，导致护法战争爆发。

7月中旬，孙中山在广州宣布"护法"，主张维护《临时约法》，提出恢复国会，再造共和。

四川素有"天府之国"之称，税收相当可观，在战略上也处于重要地位，成为北洋军阀觊觎的目标。滇、川、黔因争夺督军职位而发生混战。7月24日，北洋政府委任川军师长周道刚暂代四川督军，企图控制四川。

唐继尧立刻组织靖国军滇黔联军，自任总司令。并于7月20日发出"思惟北征，宜先靖蜀"的通电，对川大举用兵。这就更加深了四川局势的混乱。

朱德此时驻军四川南溪，被委任为靖国军第二军第十三旅旅长，受命进驻泸州，卷入到这场战争中去。

这场持久而又缺乏明确政治目标的战争，使朱德深深感到困惑。滇军在四川作战的主要对手是川军刘存厚部，而朱德期待的讨伐北洋军阀的命令却迟迟没有下达。

　　1917年秋，孙中山反对北洋军阀解散国会，主张拥护约法、恢复国会，并组织护法军政府，发动反对北洋军阀段祺瑞的护法战争。唐继尧宣布护法，将护国军改编为靖国军，任命朱德为靖国第二军第十三旅旅长。这是朱德在泸州留影。

朱德曾请求唐继尧立即北伐，唐继尧却没有理睬他。作为军人，他只得服从命令，带领他的部队继续无休止地冲杀。

9月中旬后，川军刘存厚等部向川南发起猛攻。滇军节节败退，很快就从富顺、隆昌、永川退至叙府、泸州一线。

到11月，川、滇两军在叙府、泸州再次激战，滇军终于被迫退于横江、叙永一线。在战斗中，滇军的伤亡人数与日俱增，随着冬季的临近，官兵们单薄的衣服已无法御寒，致使他们情绪低落，无心恋战。部队陷入困境，北伐也没有了希望，朱德陷入了深深的忧虑中。

正当滇军告急时刻，局势突然发生转机。滇军顾品珍部与黔军王文华部配合，于12月4日袭占重庆，吴光新率部败退。

与此同时，川军颜德基等部相继成立靖国军，使刘存厚等部相继撤退。滇军乘机由川南发起反攻。

这使朱德心中又燃起了希望的火焰。12月10日，他致电唐继尧，表示："顷奉钧电催反攻，德率所部，愿效前驱"，要求以"本旅及金旅杨团克期分道进攻泸城。"

13日，朱德部从泸州城下游泰安场渡江，向泸州城外的制高点五峰顶进攻。

反攻泸州前，朱德建议实行精兵政策，大肆整顿队伍。旅长降来当团长，团长当营长，营长当连长。全军整编为四个团，朱德任第一团团长，金汉鼎任第二团团长。反攻泸州时，采用步炮联合作战，朱德亲临炮兵阵地，指挥炮兵射击，专打敌人密集队伍，掩护步兵爬城，获得了战争的胜利。

1918年1月，川、滇、黔各军分道进攻成都。3月，刘存厚等部败退陕南。川局顿时乐观。

此时，朱德以为进军北伐的时机总算到了。2月9日，他和金汉鼎等驻川滇军将领联名致电唐继尧，要求进军北伐，歼灭敌军。电报发出之后，唐继尧仍不予理睬。

朱德此时仍没有看清唐继尧图霸四川的野心，他仍以为自己在为支持孙中山提出的"护法"革命主张而履行一个军人的职责。

这以后的将近两年的时间，四川的局势比较平静。朱德也从繁忙的战事中解脱出来，做了大量安定人心的工作，以解民困。闲暇之余，看看书本，增长些新的知识。

寺庙避难

1920年5月，唐继尧不顾众将领劝阻，又与川军开战，但这是一场不得人心的战争，滇军从军官到士兵都打得无精打采。

7月上旬，滇、川两军在成都东郊龙泉驿展开激战，目的是为了争夺成都。两军血战九昼夜，滇军大败。

朱德率领的第三混成旅死伤过半，只剩下一个团的兵力。在一个漆黑的夜晚，川军冲破滇军防线攻入成都。滇军撤退时陷入一片慌乱之中，朱德也与部队失掉联系，只身冲出重围，来到了山门紧关的昭觉寺门前。

昭觉寺建于唐朝贞观年间，是成都著名的古刹之一，有西南"第一丛林"的美称。

昭觉寺里一片寂静，只有几个和尚还在巡夜。三更过后从远处传来的枪炮声已经渐渐消失了，巡夜和守门的和尚也都安静了下来。

突然间，传来几声重重的叩门声，守门的两个和尚顿时从梦中惊醒，凑到门前一看，是个戴着大盖帽的军人，吓得他们赶紧躲到一边去了。敲门人听到了里面的动静，就急忙说：

"师傅，请快点打开门！"

守门的和尚根本不理睬，因为住持曾经吩咐过他们：

"现时，兵荒马乱。不论是白天还是黑夜，都不许开山门，更不准外人入内。"

任凭敲门人在外面怎样央求，守门人就是不给开门。

远处的枪声已越来越近，情况越来越危急。朱德只好顺着寺院的高墙来到一棵大树旁，双手抱着树干，蹿上了树顶，越墙而过。还未等他站稳，就被几个巡夜的和尚逮住了。

"你是什么人？半夜三更竟敢闯入佛门净地。"

"我是来找你们住持的，敲门你们不开，后面又有追兵，我不得已只好翻墙而入，实在是罪过！"朱德没有反抗，束手就擒。

巡夜的和尚见这个当兵的腰里别着把手枪，猜想一定是个当官的。见他不反抗，觉得有些纳闷儿。

"请师傅们松手，带我去见住持。"朱德并不挣扎。

这时，住持早已得到了和尚们的通报，说捉住了一个越墙而入的人，看样子是个大官，说是要见住持。

"只身一人夜闯寺庙，领他进来无妨！"

在和尚们的带领下，朱德穿过几座院落，来到住持的禅房。

住持了尘法师，看到来人是位威武的将军，心中陡生疑窦。他递了个眼色，命众和尚退下。

他双手合十，道：

"阿弥陀佛！此乃佛门净地。不知施主深更半夜来此，有何要事？"

"我是滇军第三混成旅旅长朱德，不幸在龙泉驿战败，逃命到此，后有川军追杀，到贵寺院外久叩山门不开，才越墙而入，还望住持原谅。并希望您能大慈大悲，救我不死，我必报大恩。"

了尘法师一听"朱德"二字，双眼一亮。他没有想到站在自己面前的这位威武军人，竟是扛着"朱"字旗血战棉花坡的名将朱德将军。

这时，忽有和尚进来禀报：

"师傅，山门外聚集了大量的追兵，正在敲门、呐喊，说是有人进了庙里，要进来搜查。"

了尘立刻发话：

"山门绝不能开，告诉他们这是佛门净地，除僧人之外，没有别人。"

传报的和尚出去之后，了尘对朱德说：

"阿弥陀佛，佛祖保佑！事已至此，那就委屈朱将军在寺内暂避一时吧！在这佛门净土，将军千万不可动刀枪！以免惹起祸端！"

了尘把门外的和尚叫进来，吩咐道：

"朱将军到此之事，任何人不许泄露出去！阿弥陀佛！"

随后，了尘把朱德隐藏到八仙堂里，他再三叮咛道：

"朱将军请放心，只要有贫僧在，有昭觉寺在，将军一定会平安无事！"

"住持大恩大德，朱德没齿不忘！"

了尘将朱德安置好之后，急步赶到前院的天王殿，但此时，川军已破门而入，一拥而上。了尘率众和尚站在大殿前，一字排开，人人双手合十，口念：阿弥陀佛！

川军中的一个小头目，手里提着两支盒子枪，叫嚷着：

"你们这些秃驴们听着，赶快给老子闪开！你们要晓得：你们会念经，我的枪可不会，它只会吐子弹，要是把它惹恼了，这家伙可不认得你们这些秃和尚！"

边说边拿着两支手枪在和尚们眼前晃动：

"老子是川军，是为四川人卖命的！专打那些吃人肉喝人血的云南蛮子。有一个当官的，领着几个蛮子，被我们追杀到这里就不见了人影。秃和尚，你们说这前不着村，后不挨店的鬼地方，只有你们这座破庙，他们还能跑到哪里去？都给老子闪开，否则我就毙了你们！"

小头目说完后开始下命令：

"搜！不能放过任何一间屋子。老子就不相信，捉不到他们这帮蛮子。"

几十名川军接到命令后纷纷冲进了天王殿、先觉堂、圆觉殿、观音阁，就连禅房后面的藏经楼也没放过，但还是没搜到。

那个小头目砸开了八仙堂的大门，只听得里面"咣啷"一声。他吓得急忙后退一步，嚷道：

"他娘的，乖乖爬出来，老子就饶了你的小命。别想耍啥子名堂！你藏在哪里，我已经看见了！"

但是由于他在明处，对方在暗处，谁也不敢进去搜查。一是怕真的碰上追捕的滇军，那还不是一枪一个去送死；二是怕得罪了菩萨，惹来三灾六难，连累自己的家人。

朱德在里面听着不觉感到可笑：这家伙还真有点鬼花样，想用这种欺诈的伎俩骗自己出去，做梦！

小头目不见动静，顿时不耐烦了，他双枪连发，朝天花板的藻井中一顿乱射。

随着枪声，一堆血肉模糊的东西落在灰尘布满的八仙堂，灯光也随之熄灭了。等再打起火把看时，地上躺着一只血肉模糊的大白猫。

了尘住持也被八仙堂里的枪声惊动了，他以为出了大事，急忙赶过来，看到这般情景，他才放下心来：

"阿弥陀佛！佛门戒杀生。这可如何是好！"

小头目见一无所获，于是率领众川军又涌向另一座佛堂。

他们一直折腾到天亮，还是一无所获，于是小头目率众川军离开了被砸得破烂不堪的昭觉寺。

朱德就这样在昭觉寺暂住了下来，每天听着和尚们诵念经文，和了尘住持谈古论今。

一天，朱德和了尘对弈，试探着对了尘说：

"了尘法师，您这法号起得太妙了！"

"这是出家时，我师父给我起的。"

"了尘，了尘，了却尘缘，寓意深刻。这恐怕就是人们常说的看破红尘吧？"

"有这层含义。出家人，最主要的是要了断与尘世的恩恩怨怨，一心修行诵经。师父的用意就在于此。"

"年轻的时候读《红楼梦》，一开头就有一首《好了歌》，讲的好像也是'了尘'的意思，给我的印象极深，至今还能记得！"

"朱将军的英勇、胆识实在让贫僧佩服。这几天，有一件事一直让我百思不得其解，不知该不该问？"

"问得，问得，有啥子问题尽管问就是了。"

"将军谋智超群，勇敢过人，又能征善战，让北洋军都能吃败仗，但是为何却败给川军，沦落到这种地步？"

"唉！"朱德一声长叹：

"说起来，话就长了。但是最根本的一条是为战争的性质所决定的。护国讨袁，得到了人民和官兵的拥护。而这次战争，是为唐继尧图川，遭到川人反对，同时又遭到滇军官兵的反对，失去人心，哪有不败之理！从这次失败中，我看到了军阀恶战的结果，所以下决定不再为军阀们卖命，我打算和朋友出国去追求救国救民的真理。"

"听了将军的一番高论，相信将军一定能成为国家栋梁之材，一定能干出一番惊天动地的大事业来。"

朱德不知不觉已在昭觉寺住了将近一个月，外面恢复了平静。这天，他决定踏上归途，去川南追赶部队。

了尘住持率众弟子与朱德依依惜别。了尘双手合十祝愿：

"阿弥陀佛，祝将军一路平安，万事如意！"

朱德也依依不舍：

"各位师父请回吧！我决不会忘记昭觉寺，有时间我一定会回来拜谢各位，感谢各位师父的救命之恩！"

朱德回到云南后，立刻拜托他的朋友周官和到成都，用上等楠木为昭觉寺特制了一块长丈余，高五尺的大匾。匾的正中是选自佛经偈语中的"应世人间"四个大字，每字足有两尺见方。

了尘和他的弟子们把朱德所赠的匾额视为昭觉寺的寺宝，高高悬挂在观音阁的门额上。

脱离军界

　　滇军和川军交战不久，滇军第二军军长赵又新在泸州突围时战死。泸州所以失陷是因为第二军参谋长杨森反水，泸州失守使滇军陷于被动，不得不且战且退，放弃已占领的川地，撤回云南。

　　朱德率余部退回云南，驻扎在滇北的昭通县。这时家中传来噩耗，他生父朱世林病故。

　　滇军此次惨败，更激起众将领对唐继尧的不满。滇军第一军军长顾品珍秘密联络滇军将领反唐。

　　朱德一面拥护顾品珍反唐，一面派孙炳文先去北京，等他反唐后前去与孙会合，两人一同到国外去考察。

　　因为唐继尧已失人心，反唐很成功，唐继尧避居香港，顾品珍就任滇军总司令，控制了云南军政大权。

朱德见顾品珍也无意北伐，按计划他决定出国。想向顾品珍提出辞职，可被同事和朋友们再三挽留，于是就想等等，希望顾品珍能早日北伐。

但出国考察的念头未消，他就趁空闲时去昆明育贤女子中学，向英文教师学习英语，为出国做准备。

顾品珍也很器重朱德，先任命朱德为云南陆军宪兵司令，不久，兼任云南省催收铁路局借款处专员及复查锡务公司账项委员长。

1922年1月，朱德调任云南省警务处长兼省会警察厅长。

1922年3月，顾品珍终于决定北伐，因为调兵准备北伐，致使边境空虚。这时唐继尧秘密潜入云南，纠集旧部并收买土匪武装，在蒙自发兵向昆明进攻。

朱德（前左二）与靖国军同仁、云南讲武堂同学合影。

顾品珍率部迎战，两军激战在宜良大河两岸，他的指挥部设在一个叫鹅毛寨的地方。

本来顾品珍的部队已抢占优势，没想到一小股土匪绕开战场，奇袭鹅毛寨，顾品珍不幸阵亡。得知顾品珍牺牲，他的部将杨希闵、范石生、蒋光亮等率其主力败退广西。

唐继尧挥师杀进昆明，下令搜捕忠于孙中山拥护北伐的滇军将领。

这时，滇军留守昆明的余部已经在代理总司令金汉鼎的率领下退出昆明，朱德、刘云峰和唐淮源也在其中。

他们打算率部去缅甸，途中又遇上打散的罗佩金及四十多人卫队。

要去缅甸须经过楚雄，可在途中就听说驻楚雄的滇军司令华封歌已投靠了唐继尧。

于是，下步如何行动就发生争议。

罗佩金很有把握地说：

"华封歌是我的学生和老部下，我们去，他会让出一条道来，不会为难我们的。"

朱德却说：

"华封歌既然已投靠唐继尧，就说明他要谋取高官厚禄。他会把我们出卖的，我们不能冒这个险，应该调头北上，渡过金沙江，到四川后顺江而下，去上海转广州，去投奔孙中山先生。"

罗佩金反对朱德的建议不同意去四川。

　　1918年，朱德（左）和孙炳文在四川泸州合影。孙炳文时任靖国第二军第十三旅参谋。他与朱德成为挚友，朝夕相处，经常探讨救国救民的真理。

朱德说：

"那只好大路朝天，各走一边喽。"

于是，罗佩金带着他的人去了楚雄，华封歌知道了朱德等人北上路线，立即派一营骑兵追杀而来。

朱德、金汉鼎一行为躲避追兵，进入彝民区，遭到土匪武装袭击，一仗打下来人马损失过半。

穿过彝民区，先头小分队在金沙江边又遇埋伏，刘云峰被土匪俘虏而去，等朱德率部赶到，土匪已逃得不见踪影。

渡过金沙江后，他们听到罗佩金被唐继尧处死的消息。正是华封歌出卖了罗佩金。

渡过金沙江不久，他们又遭遇以雷云飞为首的一股土匪。由于朱德参加过"哥老会"，对雷云飞的黑话盘底对答如流，受到雷云飞另眼相看。加之彼此以前就都互闻大名，便一见如故成了朋友。

在雷云飞的大寨，朱德一行受到很好款待。朱德把剩下的六十多人的卫队和随身枪支都留给了雷云飞。

然后，朱德、金汉鼎、唐淮源带着几个护卫，辞别雷云飞，一路艰辛回到南溪。

朱德回到南溪的家中，给亲朋好友们讲了自己劫后余生的经历，并告知他们，自己已决定出国，寻找真正的救国救民的道路。

亲友们被朱德的这个决定吓蒙了，纷纷劝阻朱德。

这时，唯一支持他的人就是他的妻子陈玉珍。陈玉珍思想进步，曾参加过辛亥革命和讨袁护国运动。

1917年6月，朱德同她相识后结婚。当时的朱德任云南陆军第七师第十三旅步兵第二十五团团长。在那个兵荒马乱的年代里，他们的家可以说是一个安全、幸福的港湾，是个亲情弥漫的小天地。

婚后，夫妻俩非常恩爱。朱德和陈玉珍都对音乐非常喜欢，没事的时候，陈玉珍弹着琴，朱德则吹着箫或拉着胡琴，他们荡漾在音乐的海洋里，惬意浓浓。

他们还非常喜欢养花，亲手修整出了一个非常简单、漂亮的花圃。爱读书的陈玉珍还特意布置了一间精致的书房，他们在书房里共同畅游知识的海洋。

他们阅读陈独秀的《吾人之最后觉悟》，还有孙炳文等带来的许多进步刊物。朱德的家逐渐形成了一个学习小组，除了朱德、陈玉珍以外，还有孙炳文、戴与龄等。他们经常在一起探讨和学习世界流行的新思潮。

陈玉珍受这些进步人士思想的影响，特别支持丈夫抛弃高官厚禄，去寻求救国救民的新路。

但是朱德的亲朋好友并不理解他，因为此时的朱德是既有地位又有权势，房产、娇妻、银元，样样都有，生活在上层社会，怎么会偏偏要放着舒适、富裕的生活不过，却要找什么马克思主义，去找什么共产党，硬往下层社会里靠拢。

朱德正准备去北京与孙炳文会合，突然接到杨森请他去重庆谈话的电报。

反正出川也得经过重庆，朱德就想见见杨森。于是和金汉鼎动身赶来重庆。

杨森是四川广安人，因广安与仪陇同归顺庆府管辖，他与朱德算是小同乡。他也在顺庆府中学堂读过书。

杨森1913年离开川军投奔到滇军，曾任滇军第二军参谋长兼独立团团长，1920年他率部反水，又投靠了川军。

这时，杨森刚接任刘湘的川军第二军军长职务，兼任重庆警备司令。

杨森很佩服朱德指挥作战的能力，他正准备同川军熊克武部队开战，急需朱德这个名将。

见到朱德，杨森一顿好款待，许以重金，让朱德当他手下师长，助他一臂之力。

朱德再也不想为军阀卖命了，于是婉言谢绝，表示准备出国留学，去看看外国人是怎么革命的。

杨森见朱德去意已决，就表示欢迎朱德留学回来到他这里就职，最低还让朱德当师长。

朱德在重庆与金汉鼎分别，他一个人乘船到南京，又改乘火车到了上海。

拜见孙中山

在上海，朱德看到外国军舰在黄浦江横冲直撞，外国军队在大街上耀武扬威，"红头阿三"在租界欺压中国人，甚至在一些公园门口和馆舍门口还挂着"华人和狗不得入内"的牌子，他的民族自尊心被深深地刺伤了。他握紧了愤怒的铁拳，而眼里却噙满屈辱的泪水。

7月初，朱德来到北京，在宣武门外一所住宅见到了孙炳文。

朱德对孙炳文说：

"我终于亲眼看到了，世界上没有一个国家像中国这么悲惨！任何一个有良心、有血性的中国人都应该挺身而出，进行救国救民！"

孙炳文说：

"我很高兴地告诉你，一个肩负着救国救民的组织已经诞生了。它就是去年成立的中国共产党。创始人就是领导过五四运动的李大钊

朱德在上海的留影。1922年夏，他奔走于上海、北京之间，寻找中国共产党。在这期间，他如饥似渴地阅读新书刊，了解中国民众运动发展的动向。

和陈独秀等人。我们相信这个党能解救中国挣脱苦难。"

朱德爽快地说：

"我愿意跟着这样的党走！"

孙炳文说：

"好啊，陈独秀同志就在上海，我们一同去找他。"

8月中旬，朱德和孙炳文来到上海，碰巧遇上了金汉鼎。他是来上海拜访孙中山的，他说孙中山已从广州回到上海，建议朱德随他去拜访孙中山。

朱德一口答应。孙中山是他从青年时代起就十分景仰的革命先行者，这机会怎能错过。

孙中山这次返回上海正身处逆境，因为他发动的北伐战争因陈炯明叛乱而失败，他自己可以说是死里逃生。

但孙中山一点也没有颓废不振的样子，他在自己的寓所接见了朱德和金汉鼎，精力依然充沛，颇有革命家的风度。

他和朱德握手时说：

"我听过你的名字，你就是蔡锷手下的那个勇将朱德！蔡锷将军英年早逝，你们要继承他的遗志，做救国救民的功臣啊！"

金汉鼎忙道：

"我们愿听先生的吩咐，为国战死沙场也无憾！"

孙中山说：

"我想让滇军和桂军去讨伐陈炯明的叛军，重新夺回广州，你们可以回驻广西的滇军去，调集部队。我可以先给你们十万大洋作为军费。"

朱德没想到中山先生这么器重自己，他一冲动就想答应，转念一想又冷静下来：回滇军岂不又重新卷进军阀混战的漩涡？打来打去能打出什么结果！

于是，他说：

"先生，对你的器重我深感荣幸。但我和孙炳文已决定出国去考察，正在办理护照。这次恐怕不能为先生效力了。"

孙中山怔一下，说：

"也好。那我建议你去美国，那是一个新兴国家，有许多东西值得我们学习、借鉴。"

朱德说：

"但我和炳文已决定去欧洲。想看看在十月革命影响下，欧洲的社会主义运动。还有，作为军人，我想亲眼看看欧洲大战的痕迹。"

金汉鼎当场答应了孙中山的请求，并表示立即去广西，动员那里的滇军参加讨伐陈炯明的战争。

几天后，朱德见到了中国共产党中央执行委员会委员长陈独秀。

朱德直截了当地表示要加入中国共产党。

陈独秀却表现得很淡漠，说：

"要参加我们党，必须以工人的事业为自己的事业，而且随时准备着为这一事业献出生命。"

朱德打断对方话头，说：

"我不怕死……"

陈独秀又说：

"是的，我相信你具有牺牲精神。可你这样在旧军队担任过高职务的人，需要长时间的学习、考验和真诚的申请。"

朱德心里猛的蹿起了火苗，口气硬硬地说：

"这么说你是不同意让我入党了！"

陈独秀淡淡一笑，说：

"你不要着急嘛！刚才我讲了，加入我们党要经过申请，经过考验……"

朱德压着气说：

"我等着你们考验，我相信自己能够合格。要说申请，这次就算申请吧。"

他被陈独秀拒绝，当然感到挺委屈。

找党路漫漫

1922年9月初，朱德乘法国邮船"安吉尔斯"号缓缓离开上海，开始了漫长的海上航行。

对于生在大山、长在大山的朱德来说，大海是陌生的。他熟悉连绵不断的大巴山，高耸入云的大雪山，深邃莫测的大凉山。

对于水，他倒不感到陌生，家乡的小河，奔腾的嘉陵江，一泻千里的长江，万马奔腾的黄河，他都见识过。

雄伟壮观的江河和大海比起来，渺小多了。看到大海，看到了中国以外的世界，朱德的心胸和眼界一下开阔了许多。他遐想着海尽头的那边该是个什么样子。

此次航行中，朱德结识了许多新朋友，与他同船的有孙炳文、房师亮、章伯钧、史逸、史尚宽、夏秀峰、李毓九、李景泌等十多个人。这些华夏赤子相互做着自我介绍，畅谈着个人出洋的打算和对未来的抱负。

当大家得知朱德曾是蔡锷手下的一位将军，现已三十六岁，在同行者中最为年长时，有位朋友怀着敬重的心情问道：

"玉阶兄，您已过而立之年，放着将军不做，却漂洋过海，不远万里来到异国他乡，亦将有以利吾国乎？"

"何必曰利。吾将为国而上下求索！"朱德学着对方嬉戏腔调，用文绉绉的话回答着，逗得大家捧腹大笑。他又不紧不慢地接着说：

"年龄大点，有啥子要紧。我听说过蔡和森的妈妈葛健豪是五十四岁时举家赴法，去勤工俭学；徐特立是四十三岁，黄齐生是四十岁才出国留学的……他们个个都不比我小啊！"

大家听得津津有味，心里对朱德更加敬佩了。

邮船行驶得很慢，每到一个口岸，都要停留几天，以便补充淡水、燃料、食品和检修。朱德和这些同行的朋友抓住这个难得的机会，上岸去观察各地的风土人情。

在这一路上，他们所看到的一切与他们想象中的情况截然相反。在南洋一带，他们看到了许多背井离乡去寻找生活出路的骨肉同胞，连一个栖身之地都没有，过着贫困交加的日子。

而花园洋房里的庄园主、资本家却过着一种穷奢极欲的生活。在非洲，黑人的生活更加悲惨。朱德看到这一切后，才知道原来世界上许多国家和地区的人民都生活在水深火热的黑暗社会里。

经过了一个多月的漫长航行，安吉尔斯号邮轮终于到达了法国第一大港——马赛。

当天，朱德和他的朋友们换乘火车去了巴黎。

此时的巴黎经过第一次世界大战的摧残，到处是一派破败不堪的景象。虽然法国是战胜国，但战争使其元气大伤，沿街有不少衣衫褴褛的寡妇、孤儿、乞丐和伤兵，正在向过路的行人乞讨。

朱德和孙炳文一起游览了巴黎的名胜古迹，他看到凯旋门虽是斑驳陆离，失去了往日的风采，但依然宏伟壮观，门上面的图案记录着法兰西光辉灿烂的历史。

当他登上埃菲尔铁塔时，巴黎的全景尽收眼底。他对铁塔的浩大工程和精巧结构，赞不绝口。

于是大家在铁塔前合影留念。他们还参观了罗浮宫、协和广场、共和国广场、拿破仑墓、拉雪兹神甫墓地的公社社员墙。

在巴黎期间，朱德和孙炳文住在一位中国商人的家里。这位商人年轻时就来到法国谋生，他现在依然眷恋着生他、养他的故土。

一有空闲，就要朱德他们给他讲祖国发生的事情，自己也给朱德他们讲一些在巴黎的见闻。

一天，这位商人回到家里，告诉朱德，听说有一个中国留法学生团体是共产党，他们正在宣传鼓动革命。朱德一听，急忙追问这些人在哪里。

但这位商人也是听朋友说的，具体的情况他也不了解。

随后，这位商人带着朱德和孙炳文去找到了那位朋友，弄清楚了这个组织就是旅欧中国少年共产党，负责人是周恩来，但是周恩来已经离开法国，去了德国柏林。那个朋友把周恩来在柏林的详细地址告诉了他们。

周恩来此时担任旅欧中国少年共产党（1923年2月改名为"旅欧中国共产主义青年团"，也称"中国社会主义青年团旅欧支部"）中央执委会宣传委员，正在柏林考察德国的劳工运动，主要是想在留德学生中建立和发展共产主义组织。他住在柏林近郊瓦尔姆皇家林荫路的一幢寓所里。

1922年10月下旬，朱德和孙炳文来到德国柏林周恩来的住处，找到周恩来。周恩来非常欢迎这两位革命志士的到来。

朱德对周恩来的名字早有耳闻，并在新近出版的《少年》杂志上读过周恩来写的论文《共产主义与中国》。他对周恩来所说的"资本主义的祸根，在私有制。故共产主义者的主张乃为共产制。私有制不除，一切改革都归无效"一句非常欣赏。

朱德越来越感觉到，周恩来的主张正是自己多年来所探索和追求的。但他没有想到这个共产党的领导人，这个能写出好文章的才华横溢的人竟这么年轻。

朱德用他那浓重的川音向周恩来叙述着自己走过的道路和追求革

命的经历。最后，他态度坚决地提出要加入中国共产党，愿意受命做任何工作。

周恩来被朱德的精神所感动，一直聚精会神地听着，并不时地在笔记本上做着记录。朱德的前半生的经历是丰富多彩的，人生道路上的酸甜苦辣都品尝过。

在周恩来的经历中，还从未遇到过这样一个从旧营垒中冲杀出来的将军。他被朱德的不同寻常的经历和对革命执着追求的精神深深打动了。

这一段时间里，朱德和周恩来又进行了多次交谈。他们从国内外形势、各种思潮谈到对共产主义的认识以及中国革命的发展道路，气氛越来越融洽。

周恩来向朱德和孙炳文表示：愿意介绍他们加入中国共产党，在入党申请还没有得到国内党组织批准之前，可以接收他们为候补党员。

1922年11月，朱德、孙炳文正式加入中国共产党。

当周恩来把这一喜讯告诉朱德的同时，还特别叮嘱他，加入共产党的事情，一定要严格保密，不能张扬。这是革命斗争的需要，对外不要公开自己共产党的身份。因为，像朱德这样一个具有社会背景的人，便于去团结更多的人。

这以后，朱德就以国民党党员的身份在中国留德学生中开展工作，

后来还当选为中国国民党驻德支部的执行委员，负责组织工人

朱德后来回忆道：

"从那以后，党就是我的生命，一切依附于党。"

朱德用一生的奋斗实践了向党组织表示的决心：终身为党服务，

作军事运动。

1922年是朱德人生道路上的一个重要的转折点，他从笃信孙文学

说转信马克思主义，从为缔造共和拼杀疆场转变成为以追求真理而远

走天涯。所以他才写出这样一首赠好友艾成麻的诗：

中山主义非无补，

卡尔思潮集大成。

从此天涯寻正道，

他年另换旧旗旌。

在德国的日子

　　朱德在德国，面临最大的难题是语言障碍。这对已过"而立"之年，没有一点德文基础的朱德来说，真是陷入叫天天不应，叫地地不灵的处境。

　　然而，朱德并没有被困难吓倒，而是迎着困难上。他在柏林的半年时间里，把主要精力放在学习德文上，抓紧一切时间刻苦学习。

　　朱德学习德文的方法很独到，他不是把自己关在屋里死啃书本，而是走向社会，联系实际，学用结合。

　　他买了一本柏林市区图，请库尔提老师作指导，把柏林市区图上的地名，都用中文注上读音和含义。每天挤时间，照着交通路线，由近及远，边走边看，边问边记，沿途的教堂、学校、博物馆、剧院、公园等场所，他都停下来认真辨认着德文招牌，观察着德国的风土人情。有时，在公园里还同游人说上几句。

几个月下来，他几乎走遍了柏林所有的大街小巷，并对这座世界名城产生兴趣，不仅记下街道和建筑物的名称和所在方位，而且也逐渐地会用德语进行日常生活的对话。

后来回忆起这段有趣的学习时，朱德说："我硬是用走路来学习德文地名和日常用语的。几个月后，我的德文达到可以出去买东西、旅行，上街可以坐车了。"经过几个月的刻苦学习，他终于可以用德语会话。

朱德学会用德语会话之后，非常渴望了解资本主义世界的情况。期间，他除了参加中共旅德支部的活动之外，还用大量时间考察了第一次世界大战的遗址，访问农场、工厂，并和市民进行广泛的接触。

资本主义制度下的社会状况，给朱德留下了极为深刻的印象。他对资本主义的认识经历了"从抽象——具体——抽象"的认识过程，终于认识到它的本质。原以为"资本主义可以救中国"的想法，完全破灭了。

后来，他回忆起访问德国工厂的收获时，说："我开始放弃资本主义可以拯救中国的信念。"

朱德从中国留学生口中得知，位于德国中部莱纳河畔的哥廷根，虽然是一座仅有四万多人的小城，但却有一所1737年创办的、曾培养出众多学者的盖奥尔格·奥古斯特大学。使这座小城闻名于世。法国

朱德右与孙炳文在德国柏林的合影

在德国哥廷根留学时的朱德

的拿破仑曾赞誉奥古斯特大学"不仅属于汉诺威，而且属于全世界。"

当时，在这座大学的中国留学生就有四十多人，尤其凑巧的是其中有十多名是朱德的老乡。

因此，朱德于1923年5月，也迁到此地居住。

朱德到哥廷根后，受到中国留学生的热烈欢迎。留德学生会的会长魏嗣銮与朱德还是同乡，所以，特别亲切、热情。

朱德在哥廷根的房东是一位参加过第一次世界大战的德国将军、战败后退役的男爵。

朱德为了深入了解世界近代战争，买了不少德文的军事书籍，请那位男爵为他辅导，还请他讲第一次世界大战的典型战例，探索其作战规律。

中共旅德支部哥廷根小组每周三召开一次会议。组织学习讨论，这是朱德在哥廷根的一项主要活动。

当时，这个小组有孙炳文、房师亮、高语罕、郑太朴等，以后，又增加了邢西萍（徐冰）、阚尊民（刘鼎）。他们把《共产党宣言》《社会主义从空想到科学的发展》《帝国主义是资本主义的最高阶级》《唯物史观》以及《共产主义ABC》等著作当作必读的书籍。

此外，还学习《向导》《国际通讯》上刊登的有关世界和中国革命的文章，一起学习探索世界与中国革命的具体问题。

1924年3月，朱德进入了盖奥尔格·奥古斯特大学哲学系，专修社会学专业。他虽然每天都去听课，但大学里的课程他并不大感兴趣，他最爱参加的是党的活动。

在留学生中，朱德年龄最大，待人厚道，学习刻苦，受到大家的尊敬。过了不久，他就当选为哥廷根中国留学生会的负责人。当时，党组织的活动主要在留学生中进行，着重是团结中国留学生，传播共产主义和爱国主义思想。

1924年12月下旬，朱德在哥廷根市政局办了移居手续，到了柏林。年初，国民党召开了第一次代表大会，进行改组，孙中山正在实行"联俄、联共、扶助农工"的三大政策。

不久，柏林成立了中国国民党驻德支部，朱德被中共旅德支部派往国民党旅德支部工作。

当时，朱德被选为国民党驻德支部的执行委员，负责组织工作，工作对象主要是留学生。

国民党改组后，党内右派极力反对国共合作。国民党内左右两派之间的斗争，也使留德学生受到影响。

所以，学生会中分成两派，经常进行激烈的辩论，甚至动起武来。

这时，朱德主持创办了一份《明星》报，向留学生宣传新三民主义和国共和做政策主张，以争取中间立场的学生，同右派势力做斗争。

那时，中国留学生总会设在柏林市中心康德大街122号。这是一座没有阁楼的二层小楼，楼内有七八个房间，共产党和国民党左派学生经常来这里活动，过往柏林的一些同志也常在这里暂住。一时间，这里便成了共产党和国民党左派的一个活动中心。

但是，因这里是学生总会，各派学生都有钥匙，可以自由进出。

不久，国民党右派学生却要另立门户，打出了"青年党"的旗帜，企图独占此楼。

有一天，来了几个右派学生，竟然把大门的锁头换了，并宣布占领了留学生总会，刷出一张布告，声称此楼过去被共产党霸占，现在要收回失地等等。

左派学生面对这种无理行为，毫不妥协。他们用斧头砸开门锁，重新装了一把新锁，也贴出一张布告，严正申明：

留学生总会受孙中山先生的国民党驻德支部领导，留学生都有权使用，任何个人和组织都无权独占。

右派学生眼看着到手的"战利品"又丢了，并不甘心，妄想再夺回来。

有一天，朱德、孙炳文等几个人正在屋里整理刚刚印好的《明星》报，突然从大门冲进一批右派学生，个个怒气冲天，撸胳膊挽袖子，摆出一副要大打出手的架势。牵头的那个对着朱德大声叫道：

"我们要收复失地，限你们八小时之内滚出去。不然，就不客气了！"边喊边在朱德面前挥舞着拳头。

刘鼎看到他们人多势众，气势汹汹，恐怕动起手来朱德吃亏，便对孙炳文说：

"是否去报警？"

话音刚落，朱德就飞起一脚，踢起身边一把椅子，趁椅子尚未落地时，抓在手里摔在地上。"咔嚓"一声，一把好端端的椅子散了架。他顺手拣起两根椅子腿，立在墙根，对右派学生喝道：

"你们这些不要脸的东西，还奢谈'收复失地'，好啊！你们是收复台湾、琉球、香港、澳门，还是那些数不清的租借地。去呀！去找日本人、英国人、美国人算账去！在自己同胞面前逞威风，充好汉，可耻！滚出去，立即给我滚出去！否则别怪我手下无情！"

当时的朱德确实被激怒了。他一改平时对同胞、同学那种和蔼可亲的面孔，一下变成了一个怒目圆睁的威武大汉，吓得右派学生一个个灰溜溜地出去了。

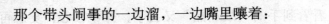

那个带头闹事的一边溜，一边嘴里嚷着：

"朱德，你不要吓唬人。我们不怕你，这事没个完……"

一场暴风雨过后，小楼又恢复了往日的平静。

刘鼎开玩笑地说：

"玉阶兄，今天我才领教了朱将军的威风。我想，在当年护国讨袁战争中的纳溪大战，把北洋军打得落花流水，那是真刀真枪，一定比今天更加痛快淋漓！"

朱德哈哈大笑：

"我也只是想吓吓他们。说实在的，这些乳臭未干的娃儿，哪是我的对手！不给他们点颜色看看，他们会更猖狂得厉害！"

从此以后，右派学生再也不敢起刺儿。他们私下里传说：

"朱德力大过人，武功高强，浑身是胆，真是个惹不得的将军！"

1925年5月30日，上海爆发了震惊中外的"五卅惨案"。当"五卅惨案"的消息传到柏林时，中国留学生群情激愤。中共旅欧支部立即组织学生进行声援。

朱德连夜编一期《明星》，介绍"五卅惨案"的经过，还揭露了英、日帝国主义屠杀中国人民的滔天罪行。

他们组织中国留学生上街游行，声援"五卅运动"，集会演讲，散发传单。中国留学生的正义举动，还得到德国共产党的全力支持。

此后不久，军阀政府派特使徐树铮到德国搞卖国行动。朱德获得这一消息后，马上率领留学生包围了中国驻德使馆，迫令中国驻德大使出来接见，答复大家的要求。

那个平时官气十足的大使魏宸祖，早已吓得躲了起来。久等不出，愤怒的学生在朱德带领下，冲过了警戒线，一起涌进大使馆。要求大使出来接见学生。

学生进了使馆后，问使馆工作人员，谁也不知道大使到哪里去了。后来有一个悄悄透露说大使藏了起来，但不知藏到哪里。

朱德手一挥，说：

"搜！看他能钻到地里不成。"

学生们一拥而上，从一楼搜到三楼，一个个房间搜，终于从一个衣柜里把大使"请"了出来。学生们当面向他表明了中国留学生的爱国心愿，要他写出字据，保证徐树铮不向德国借债，不买军火，不干卖国勾当，并立即滚出德国。

结果，徐树铮在朱德等中国留学生迫使下狼狈离开了德国。

此举不仅在留学生中产生了强烈反响，而且也转变了德国人对中国人的看法。

德国人称赞中国学生运动的成功，钦佩朱德的指挥才能，有人说："没想到原来领导中国学生运动的是位将军！"

驻德大使魏宸祖对留学生声援"五卅运动"的行为极为不满，建议德国政府把参与游行的学生驱逐出境。朱德当然是其中之一。

中国爆发的"五卅运动"，得到德国共产党人的积极支持，德共组织支持中国的活动长达一个多月。

6月19日晚，德共在柏林市一个中学的广场上组织讲演会，声援中国及其他国家的革命斗争。

朱德带领一部分留德学生参加了集会。数千名的国外留学生，集会在广场上，不少人上台发表演说，控诉帝国主义和殖民主义暴行。

集会正在进行中，突然下起了倾盆大雨，但一点也没有影响各国学生谴责帝国主义罪行的高昂热情，会场秩序井然。

没想到德国出动了警察，逮捕了三十五名外国学生。朱德、孙炳文、房师亮、章伯钧、廖焕星等也被逮捕了。

在大雨中，他们被押上敞篷车，关进了亚历山大广场旁的警察监狱。一人一个房间，同外界完全隔绝起来。大家焦急不安，不知如何是好。

这时，从关押朱德的房间传出了德语的吼声：

"我抗议！你们逮捕中国留学生是非法的！"

"我要见你们警察！"

"我要见中国大使！"

朱德这么一吼，带头打破了牢房的寂静，其他牢房立即响应：

"我们抗议非法逮捕！"

"我们要见中国大使！"

"我们要见警官！"

抗议声，吵闹声，此起彼伏，声声相连。看守警察进来制止，但无济于事。

一阵抗议声过去了。又传来了朱德的洪亮歌声，他唱起了《国际歌》，大家也跟着高声唱起来。

唱完《国际歌》，朱德又唱起了《马赛曲》，那激动人心的歌声，那愤怒的吼声，响彻整个牢房。

虽然他们是单独关押，但抗议声和歌声，却冲破了牢笼，把大家紧紧地凝聚在一起，共同进行着不屈的斗争。

这歌声鼓舞着同学们团结战斗，也吓得警察胆战心惊，认出这个带头人正是那位"朱将军"。

事隔一天，德共中央机关报《红旗报》就发表了消息，揭露德国当局对中国留学生的迫害，质问德国社会民主党：中国留学生抗议英帝国主义，有什么罪过？为什么要逮捕他们，这岂不说明德国当局恰好同英帝国主义站在一起吗？这岂不充分证明德国当局背叛了德国人民！

德共还要求德社会民主党对此事要公开表态，究竟是站在英帝国主义一边，还是站在中国留学生一边，德共把社会民主党逼到被告席上，弄得他们十分狼狈。

迫于舆论的压力和人民的强烈反对，三天后，柏林当局，就悄悄地把中国留学生释放了。然而，朱德等人的护照却被无理吊销了，并要把他们驱逐出境。

朱德极为怒愤地对刘鼎说：

"此地已不能久留，驱逐正合我意。我们到苏联去，那才是一块自由天地！"

朱德虽然离开了柏林，但他的威名却仍在柏林传颂。

朱德于是来到苏联，在莫斯科郊外一个农庄与来自法国、德国等地的革命者一起接受苏联军事专家的培训。

回四川

1926年，国内政局发生重大变化。2月下旬，中共中央在北京举行特别会议，把北伐确定为当前主要工作，并决定建立中央军委，以加强党的军事工作。

为支持北伐战争，中共中央决定从苏联抽调一批军事、政治工作人员回国。

5月18日，朱德应召回国。

朱德回国后秘密来到上海会见中共中央总书记陈独秀，请求接受任务。

这时北伐战争刚刚开始，北伐军从广东出发，分三路进攻。以叶挺为团长的独立团里有许多共产党员和共青团员，战斗力很强，向前猛打猛冲，节节取胜，打出了"铁军"称号。

陈独秀对朱德说：

"四川位于长江上游，战略地位很重要。四川军阀态度暧昧，因此中央决定派得力干部入川，策动川军易帜，以配合北伐军在两湖作战。有两项工作你可以选择，一是去四川杨森处，他和我要人，表示有合作之意；二是去广东，准备投入北伐战争。"

朱德说：

"我去见杨森吧。我出国前还见过他，对他工作我有一定基础。"

陈独秀说：

"好吧，我同意。但在你入川之前，还要去一次南京，利用你的旧关系调查一下孙传芳的兵力部署状况。"

陈毅

就这样，朱德在南京又逗留几天完成了任务，7月26日他和秦青川以广东国民政府代表的名义入川来见杨森。

杨森的司令部设在川东万县。

他们一到万县，就被杨

森派人迎进高级招待所——王家花园，受到杨森热情款待。

当时，四川正处在军阀割据的状态中，刘湘、刘文辉、杨森、邓锡侯等各霸一方。

杨森直接指挥的军队有枪支两万七千支左右，受他控制的军队共十万多人，主要盘踞在川东万县一带。

朱德通过与杨森交谈，摸清了杨森的心思，杨森是脚踩两只船，四面迎合，既表示要加入国民革命军，又暗中勾结吴佩孚。

8月25日，正在中共北京地委工作的陈毅受李大钊派遣随杨森的秘书长喻正衡（陈毅留法同学）从北京来到万县。

陈毅也是来做争取杨森工作的。可杨森仍表示目前还不想脱离吴佩孚。

经过杨森介绍，朱德和陈毅相识了。两人一见如故，共同商议如何设法争取杨森易帜。

8月29日，杨森部官兵在云阳提取盐款及粮税各款后，准备搭乘英国太古公司的商船"万流号"回万县。他们分乘两艘木船，准备押款登轮。可这艘轮船在木船接近时突开快车撞来，把所载士兵、款项的二只木船顿时撞沉，计损失银元八万五千两，连长、排长各一员，士兵五十六名，枪支五十六支，子弹五千五百发。

英国轮船无视中国主权和有关规定，在江中任意加速行驶，撞沉中国船只、淹毙中国军民的事件本已时有发生。杨森得知自己的运饷船被撞沉一事后，非常恼火，但也无可奈何。因为他知道，吴佩孚的靠山就是英国人。

可是人员的伤亡、巨额军饷的损失，又使他不甘心就此罢休。于是，决定找朱德和陈毅商量如何处理这件事。

事件发生后，朱德、陈毅和杜钢百（杨森的同乡，清华大学研究院毕业，和陈毅一同赴川）进行过商议。朱德和陈毅分析说：北洋军阀的后面都有帝国主义这个靠山，所以反帝与反封建军阀是一致的。受苦受难的中国人民都十分痛恨帝国主义，我们要动员群众力量，迫使杨森转向广东政府，割断他和北洋军阀的联系。目前最重要的是要广泛发动群众，领导人民群众，掀起群众反帝政治运动。

最后，三人商定：由朱德出面做杨森的工作，陈毅负责动员民众，杜钢百则带朱德的亲笔信去重庆向中共重庆地委书记杨闇公汇报情况。

但此时，杨森却亲自跑到朱处，与朱商量。朱德抓住杨森内处于矛盾状态的弱点，表示只有将肇事轮船扣留，提出赔偿要求，才有可能挽回损失。

朱德终于说服杨森。

第二天，杨森下令扣留了途经万县的肇事英轮"万流号"同属太古公司的另两艘英轮。

9月2日，朱德在万县各界代表的预备会议上讲话时指出，帝国主义列强无视中国人民的生命财产，在我内河肆意横行，撞沉我船只，这不是一件小事，这件事关系到国家的主权问题。

只有打倒封建军阀，把帝国主义赶出中国，国家才能真正地独立，人民才能真正地当家做主。他号召各界民众联合起来，行动起来，共同抗议帝国主义罪行。

万县的中学生在朱德讲话精神的鼓舞下，连续几天举行反英反帝示威游行，大街小巷也贴满了各种传单。

杨森扣留英轮后，立刻派人同英国领事卢思德交涉赔偿事宜，但事情的发展并未像杨森想象的那样。英国领事态度蛮横，拒不答应杨森提出的条件，并同时调遣军舰分别从重庆和宜昌驶往万县，企图对中国当局进行恐吓，并想用武力劫夺被扣留的轮船。朱德和陈毅鼓励杨森采取强硬手段，做好还击的准备。

9月5日下午，英国的三艘军舰强行靠近被扣"万流号"，企图用武力劫夺，遭到中国守军的顽强抵抗。在激战中，英舰长达理被击毙。下午5时左右，英舰悍然开炮轰击万县城区。

朱德听到炮声，立刻找杨森，敦促他封锁住江面，予以还击。

英舰凭着火炮的优势，对万县城区连续"炮轰两个多小时，大火持续到第二天深夜两点左右。"万县"九五惨案"使军民死伤千余人（其中死亡六百零四人），大部分房屋被击毁，财产损失更是难以估计。繁华的万县城顿时变成一片废墟，景象令人惨不忍睹。

惨案发生的当天，朱德立即向杨森提议：速将惨案发生的前后经过通电全国各革命组织，并吁请北洋政府向英方提出严重抗议交涉，要求赔偿、惩凶、道歉，内伸民愤，外张公理，以重国权，而雪耻辱，促使杨森向全国发出通电陈述"九五惨案"真相。

第二天，朱德又派孙壶东出面组织"万县九五惨案后援会"，在做好死难同胞善后工作的同时，展开抗英斗争。并向全国发出通电，呼吁各界给予支援，对英国的野蛮行为加以制裁，以雪国耻。

9月9日，"万县惨案四川国民雪耻会"在四川巴县成立，主要是为了声援万县民众的抗英斗争。

9月18日，重庆市民六万多人愤怒集会，会后举行了大规模的示威游行，另外又有十多万人举行火炬游行。接着，重庆的英美烟草公司华工宣布罢工，市民组织宣传队，四处进行宣传。

10月5日，成都各界人士万余人也举行了抗议集会和示威游行。四川各地的大规模的反英斗争全面展开。上海、北京、武汉、广州、天津、长沙、厦门、烟台、济南、芜湖等地也相继成立各种组织，开展反英斗争。中共中央为此在《向导》周报发表告民众书，号召民众起来用自己的力量，使用一切方法对付这个强盗的帝国主义。

万县"九五惨案"极大地激怒了中国人民，全国上下开展了一场声势浩大的反对英帝国主义的群众运动。同时，也迫使杨森转向广东国民政府。他委派朱德赴武汉，表示愿意接受国民革命军的称号。

朱德回到武汉，在一次大会讲话时说："此次开炮，兄弟亲与此役，英人之强横可笑，亦复可怜。他以为他的枪才可以杀人。我们川军这回也不客气，为正当防卫，还他几枪，彼此都有伤亡。不过人民无辜，为他杀得太多了。""但是，我四万万民众为他打醒了！尽都知道帝国主义非打不可，总望军民一致团结起来。"郭沫若也在此次大会上讲了话。

9月24日，国民革命军总司令部委任杨森为国民革命军第二十军军长兼川鄂边防督办，朱德为总代表。国民革命军总政治部主任邓演达委任朱德暂代军政治部主任一职。

9月28日，朱德率二十余名政治工作人员离开汉口前往万县。

朱德的脚步刚踏进万县，却得到杨森派兵东下援吴的消息。原来，国命革命军攻占汉口、汉阳后，武昌仍在吴军手中。北伐军久攻不下，因此，杨森对吴佩孚仍抱有希望。

朱德对杨森这种出尔反尔的态度非常气愤。他当面质问杨森，并晓以大义，杨森仍无动于衷。尽管北伐军在10月10日攻下武昌，杨森的态度表面上也有所转变，但仍不肯下令撤回东进鄂西的三个师，就职一事也敷衍搪塞，他对朱德说："只要走革命的道路，迟早宣布就职没有多大问题。"实际上是不置可否。

可杨森迟迟不就职，还暗地里派兵增援吴佩孚打国民革命军。直到11月上旬杨森派出的军队被国民革命军打败，他才找朱德表示"悔悟"，于11月21日就任第二十军军长。

这一时期，中共中央加紧了对四川的工作。先后又派吴玉章、刘伯承、欧阳钦等人入川，争取在四川打开军事斗争的新局面。

11月中旬，在重庆成立了中共重庆地方委员会军事委员会，书记是杨闇公，委员有朱德、刘伯承。

12月初，在重庆地委军委领导下，在泸州爆发了袁品文、陈兰亭部队起义；在顺庆爆发了秦汉三、杜伯乾部队起义；在合川爆发了黄慕颜部队起义。刘伯承在顺庆就任国民革命军四川起义各路军总指挥。

这时朱德的身份已遭到杨森的怀疑，他趁杨森让他率军事政治考察团赴武汉考察的机会，脱离了反复无常的杨森。

朱德和考察团在武汉逗留了一个月。朱德接到中共中央军委的指示，让他去江西南昌国民革命军第三军工作。

考察团一共八十多人，都是中下级军官，有四十多人返回四川，一部分投身国民革命军第四军和第八军，还有十五人跟随朱德来了南昌。

初到南昌

　　驻扎南昌、九江、吉安、进贤一带的国民革命军第三军是朱培德部，是云南部队，朱德与这支滇军的高级将领们有着很深的关系。

　　该军的总指挥朱培德和师长王均、金汉鼎都是朱德在云南陆军讲武堂的同班同学，后又长期在滇军共事，交谊很深。

　　另外，朱德还有一些旧部和老同事在这支部队。

　　因此，朱德一到南昌，朱培德立即委任他担任第三军军官教育团团长。不久，又委任他为第五方面军（第三军编入北伐军总预备队后改为第五方面军）总参议。

　　1927年1月，在朱德的主持下，军官教育团的组建工作很快就绪，地址在永和门内的原江西陆军讲武堂。学员分为两部分：大部分是朱培德部的下级军官共七百余人，编为第一、二营；还有一个第三营，是学兵营，主要招收省内的中学生，还有一部分是从上海来的北方宣传队队员，共四百余人。

教育团内的中下级军官和教官，除从第三军抽调外，还有随朱德来南昌的原二十军考察团成员以及原来在广州的第三军军事政治训练班的毕业生。

他们在就职前，必须先经过测验，再到广场逐个考试军事实地指挥的能力，然后按照他们的成绩，分别委任职务。这种量才任用的做法，在当时军队中是少见的。

军官教育团以军事和政治为教育内容。朱德十分重视提高学员们的政治思想觉悟教育。政治方面的课程，有孙中山在国民党"一大"重新解释过的三民主义，还有中国革命和世界革命问题，工农问题和社会问题等。他们经常邀请郭沫若、方志敏、邵才平、曾天宇等革命人士来教育团讲课。在军事教育和训练方面，要求也十分严格。

朱德平时对学员十分关心，他和大家一起在大食堂里吃饭，晚上查夜时给学员盖被子。教育团实行说服教育，严禁打骂，军官、学员人人平等。星期六野外演习要往返五六十里路，朱德从来不骑马，而是把马让给了那些体弱或临时生病的学员乘坐，自己则和其他学员一起步行。

出操时，他亲自给学员做示范动作，耐心纠正学员们做错的动作。他诲人不倦，事事以身作则。他从不对学员发脾气，对人总是和蔼可亲。

　　当发现学员的思想存在问题时，他总是耐心说服，循循善诱；见到学员行动上有错误时，总是明白地指出，用深刻的道理来教育。

　　军官教育团学员的成分和思想状况比较复杂，朱德有信心把他们改造成为革命的可靠力量。他主动和学员们接触，了解他们不同的思想状况，做不同的教育工作。

　　朱德在平时只穿套粗布军服，裹副粗布绑腿，穿着一双已经非常旧的皮鞋。有时，还穿着草鞋。

朱德在南昌的旧居——花园角二号。1927年"八一"起义前夕，周恩来等同志也曾住在这里。

他总是夹着个皮包步行上班，很少坐黄包车。他的简朴的卧室里只有一张床铺和一张旧方桌和几张木凳子，简单得像个旅店。工作忙的时候，便在马路边上顺便买个烧饼充饥。朱德的模范作风在教官和学员中赢得了普遍的信任和尊敬。

军官教育团名义上隶属于第三军，实际上是培养革命人才的基地，由中共中央军委和江西省委直接领导。每个连队都很快秘密建立起共产党的小组，而且党员发展得越来越多。

由陈奇涵参谋长担任党支部书记。工作人员们也经常举行生活检讨会，开展批评与自我批评。当时江西的工农运动正在高涨，不少工农运动的干部参加了教育团举办的短期训练班。教育团内的革命气氛越来越浓重。

军官教育团从1927年1月开始招收学员，3月5日补行开学典礼，驻守南昌的蒋介石也前来参加。

那时，北伐军在两湖、江西、浙江、安徽等省大获全胜，担任国民革命军总司令的蒋介石的政治声望也随之大大提高，实力也越来越强。他开始觉得自己的羽翼已丰，便公开暴露反对共产党、分裂国民党中央、准备实行个人独裁的野心。

1927年2月21日，蒋介石在南昌总司令部第十四次总理纪念周上发表演说，公开声称："我是中国革命的领袖，并不仅是国民党一党的领袖。共产党是中国革命势力之一部分，所以共产党有不对的地方，有强横的行为，我有干涉和制裁的责任及其权力。"

在军官教育团开学典礼上，蒋介石依然打着孙中山的旗号来抬高自己，说："总理在世，一切由总理做主，现总理已经过世，中正肩上的担子加重了。我们要做总理的信徒，总理在世，我们一切信赖总理，现在总理不在了，我们必须选择一个作为我们信赖的中心。总理在世，一切服从总理，现总理已去世，我们作为一个革命军人，就必须有一个服从的中心。"

朱德也在开学典礼上发言，他告诫同学们，旧军阀要打倒，新军阀同样也应打倒！我们必须警惕任何形式的新军阀在我们革命阵营中产生。我们只有反掉任何跋扈、专横的独裁与篡国窃权的阴谋，才能完成我们革命任务，才能彻底实现革命。

开学典礼第二天，蒋介石指使驻江西的新编一师，伙同反共的ＡＢ团分子杀害了江西省总工会副委员长、赣州总工会委员长陈赞贤。

３月16日，蒋介石离开南昌时，强行解散了原来由国民党左派掌握的国民党南昌市党部和江西省学联等民众团体。

３月17日，国民党九江市党部、总工会又遭到总司令部特务处处长杨虎组织的一伙流氓歹徒的围攻，市党部被打死三人，总工会被打死一人。

这次事件，激起江西各界民众的极大愤慨，南昌的工人为了表示抗议，罢工三天。

3月18日，南昌市各界群众数万人在大校场召开追悼陈赞贤烈士的大会，会后举行了示威游行，强烈要求江西省政府主持公道，严惩杀人凶手。

军官教育团在朱德的带领下也参加了游行。朱德对教育团的学员们说：

"反动派已开始屠杀我们的同志了，我们要准备出击。"

不久，军官教育团配合南昌的工人纠察队，收缴了蒋介石留驻在牛行车站的宪兵团的枪支。

3月下旬，蒋介石从江西来到上海，沿途大肆屠杀工农群众，积极策划反共政变。政治风云再次掀起。

4月2日，在中共江西省委发动下，南昌工农群众举行了声势浩大的游行示威。军官教育团也派出一部分学员身着便衣，携带短枪，加入到游行队伍中。

游行队伍高喊着反对新军阀、打倒蒋介石等口号，涌向国民党江西省党部。他们在方志敏同志的带领下，冲进蒋介石控制的省党部，捉住程天放等反共分子。并在第二天召开了有三万多人参加的大会，将程天放等人游街示众。

4月7日，朱培德任职江西省政府主席。

4月9日，任命朱德为南昌市警察厅长。朱德任职后，立刻召开了全局警员大会。他告诫大家，要负起警员的责任，切实保证民众的安全，尽快恢复南昌的秩序。

朱培德就任江西省政府主席以来，一直采取中立的态度。他对于革命不反对，也不迫令革命者离开。朱德利用这种矛盾，大胆地开展活动，使江西的工农运动得以顺利发展。

不久，朱培德派朱德率军官教育团到赣东的抚州一带剿匪。朱德在出发前向全体人员阐明："要做到真正的革命人，就要有清醒的头脑，有明净的眼光，有坚定的信念。

"要能明辨是非，要能澄清曲直，要能分清敌我，还要站稳立场。如果是一贯欺压人民和剥削群众的反革命分子，哪怕口头甜如蜜，其心则毒若剑，我们必须毫不留情予以打击。

"若遇有权有势而有钱的人在咒骂他人时，则当多考虑之，多给予调查研究之。如果是阶级敌人诬陷穷人，则予以惩罚而支援工农，支援穷人。"

军官教育团用了一个多月的时间，平息了赣东的真正匪患，农民运动迅速发展起来。部队调回南昌前，朱德又派军官教育团的副官卓廉诗担任抚州警察厅长。派排长冉国平为临川县农民自卫大队大队长。

这些举措，使农民运动得到了很大的支持，并且也使学员们得到了实践战斗锻炼的机会，提高了军事指挥能力。

南昌起义

蒋介石、汪精卫背叛了孙中山先生提出的国共合作和反帝反封建的革命主张，实行勾结帝国主义，投降大地主、大资产阶级的反共反人民的政策，将屠刀劈向共产党和广大工农群众，血雨腥风笼罩着神州大地。

1927年4月12日，蒋介石在上海发动了反革命政变。

4月15日，李济深等刽子手在广州制造了广州大屠杀，捕杀了共产党员和工人两千多人，革命志士的鲜血染红了珠江水。

5月21日，何健、许克祥在长沙制造了"马日事变"。

反革命的血雨腥风，很快就吹到了南昌。

朱培德这个一贯随风倒的家伙，随着形势的发展变化，即刻改变了他那种游离不定的暧昧态度，在5月15日，公开以避免武装人员产生摩擦为借口，突然驱逐了在他部队里工作的一百四十多名政工人员。

仅隔一夜，南昌的大街小巷，到处都贴满了署名为"机关枪连"、"迫击炮连"的反共标语：

"欢迎共先生出境！"

"制止过火的工农运动！"

一时间，阴风席卷南昌，有人威胁说："共产党员如不离开南昌，就对他们不客气了！"

6月4日，是农历端午节。

南昌人民刚刚过完节，朱培德反共又使出了新招。

6月5日，朱培德秘密接受了蒋介石的指示，公然大胆地打出反共的黑旗，竟然宣布：

"礼送共产党出江西！"

就在同一天，他调兵遣将，部署部队，实行全城戒严，岗哨林立，交通断绝。接着又封锁了省工会、农协会、省市学联、南昌市党部等机关团体，查封了共产党的报纸。然后，他亲自导演了一出"礼送"共产党人的丑剧。

当时，武汉的国共合作，还没最后决裂。在江西

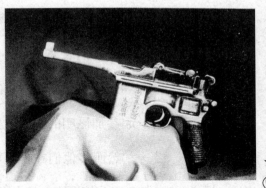
朱德在南昌起义时用的驳壳枪

还有着强大的革命力量。因此，狡猾的朱培德深知，用武力解决共产党，不仅没有把握，反而会使自己处于被动地位。于是玩了个权术，以开会为名，用武装把省、市机关里的共产党员"请"了去，虚情假意地说：

"南昌地处宁汉对立之前哨，情况复杂，为了避免流血事件和影响社会治安，你们要闹革命就去武汉吧，我这里以礼相送！"

他又是设宴饯行，又是发放旅费，吹打着军乐，把共产党人押上火车。他就是用这种软硬兼施的卑鄙手法，把二十多名共产党员和国民党左派分子赶出了南昌。

朱德听说此事非常愤慨，立刻赶到高斗巷的原"张勋公馆"，登门质问朱培德。

朱德与朱培德早就认识。早在云南昆明陆军讲武堂时，他俩就是同学，同期并同班学习，在全班三百三十九人中，他俩品学兼优，学科和术科的成绩都很好。训练时，他俩指挥队伍，下达口令，声音洪亮，动作规范，受到教官和同学们一致赞扬。

每有会操，或是向外国表演，总办李根源不是令朱德，就是让朱培德带人指挥演练。所以，教官和同学们都夸他们是"模范二朱"。

以后，他们一起参加昆明的"重九起义"，在滇军里，他俩都是"四大名将"之一。然而，他们在人生的道路上，却朝着相反的方向走着。不过，他们之间总算还有一段值得留恋的友谊。

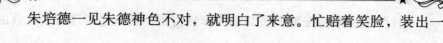

朱培德一见朱德神色不对，就明白了来意。忙赔着笑脸，装出一副无可奈何的样子，一字一顿地说："你还是回避一下为好！"

朱德没有讲话，想让他一直讲下去，看看他玩的是什么花招。

朱培德继续劝朱德说：

"依我看，玉阶兄最好在三日之内离开南昌。不然，你的安全，我就难以保证了！"

这不是在下逐客令嘛。朱德怒目圆睁，义正词严地说：

"凡是反共的人，是不会有好下场的，也是违背孙中山遗愿的，望你三思而行。至于我个人的安危，早已置之度外。这一点，我想你也是清楚的。作为一个堂堂正正的共产党人，要为无产阶级解放而斗争，也不能顾惜个人的生死与安危了。但是，我可以相告，我朱德在南昌的安全，相信不会成什么问题，请放心好了！"

朱培德假惺惺地连声称是：

"那是！那是！我相信不会有人打玉阶兄的主意……"

"但愿如此！"

两人不欢而散。

朱德拂袖而去，并甩下一句话：

"后会有期！保重了！"

朱培德对朱德扔下的这句话，想了半天，弄不清楚是好心，还是歹意，或是一语双关。

7日下午，朱德派警卫员刘刚去车站打听，当天是否还有去九江的火车。当时，赣江上还没有修桥，火车没有通到南昌市区，往返南昌市区与牛行车站，都要摆渡过江。

刘刚顶雨过江，赶到牛行车站一问，车票已全部售完。当天，只有一趟拉煤的列车到九江。他急忙回来向朱德做了报告。

朱德想了一下，当即决定：

"马上赶煤车，去九江！"

这时，朱德身边的几个随员也弄不明白发生了什么事情，总觉得形势很紧急，就急忙收拾行李，顶雨过江，直奔牛行车站。

朱德坐在船舱里，透过雨幕，望着渐渐离去的南昌城楼，思绪起伏。是啊！在南昌城里虽然只有半年多，但留下的记忆是终生难忘。他在心里暗暗向南昌城告别，向朝夕相处的战友告别：再见了，南昌，再见了战友！我们迟早是要回来的。

未曾想到，上煤车时又遇到了麻烦，好说歹说，就是不行。好在那是个"钱能通神"的社会，遇到难题钱开路。

朱德对随员使了个眼色，做了个递钱的手势，当几块叮当响的大洋落在有关人员的手上时，他们马上就被请到列车后部的一节公务车厢。

火车迎着大雨向九江奔驰。

第二天早上，他们到了九江。

朱德同几个随员到车站旁近小饭店里吃了早饭，即刻就去拜会金汉鼎。

此时，金汉鼎是第九军军长兼赣北警备司令。虽是个"光杆司令"，但府宅还是戒备森严。

刘刚给门卫一张朱德名片，说：

"请通报一下，我们长官要见金军长！"

卫兵一见朱德威武雄壮，又带那么多随从，不敢拖延，很快通报了金汉鼎。

一会儿，一个当官的先跑出来说：

"让长官久等了，军长出迎！"

金汉鼎紧跟着出来，迎接朱德，说："玉阶兄，什么风把你刮来了！大驾光临，有失远迎！抱歉，抱歉呀！"

"南昌已刮起了九级台风，你不知道吗！"

一语双关，点出了原委，金汉鼎只好说：

"只听说，南昌的风很大……"

两人握手寒暄了一会儿，一起来到客厅。

朱德同金汉鼎也是旧相识，他们在滇军中作战，生死与共，都有显赫战功。"金、朱惹不得"的民谣，讲的就是他们俩大战北洋军，威震川南的事。

1922年，唐继尧杀回昆明，他俩结伴出逃，几番周折到了上海。

以后，朱德到德国寻求报国真谛；金汉鼎奉孙中山先生之命到广东参加策划重振滇军。虽各居一方，但他们之间的情谊还是比较深的。所以，金汉鼎接待朱德很是热情。

第二天，金汉鼎派人护送朱德上庐山，住进牯岭仙岩公寓对面的一幢西式洋房。这是杨如轩新建的别墅，建成不久，只有他的老父亲住在里面，其余房间基本都空着。

朱德和杨如轩也是老交情了，他们不仅在云南讲武堂是同学，而且在滇军时杨是朱的部下。因有这层特殊关系，金汉鼎把朱德安排在杨如轩的别墅里，暂避风险。

庐山，是令人神往的风景胜地。然而，朱德却无心长住，急于下山，要把南昌发生的一切，报告给中央。

他和随员换了便装，隐蔽地下了山。买了几张开往武汉的客轮船票。

上船前，朱德非常机警地嘱咐随员：

"现在到处都是军警，对去武汉的人盘查得很紧，你们把所带武器都交给刘刚，让他设法先带上船去。我们看看动静，随后上船。"

刘刚把几支手枪和子弹放在一只盛洗脸用具的竹篮子底下，不动声色地提着篮子，若无其事地向码头走去。

朱德一行站在码头外面观察动静。

九江码头，军人、警察荷枪实弹，堵在码头的入口处。对旅客细加盘查，吵吵嚷嚷，拥挤不堪。箱笼、包裹摊满一地，吃的用的，应有尽有，像是南方"晒雾雨"亮家当一样。几个外国的船员站在甲板上看热闹。

咣啷一声，不知谁的瓷花瓶打碎了，立刻引起一片争吵和骚乱。刘刚趁乱躲过盘查，拎着篮子，挤过人群，上了轮船。他靠在船舷向朱德招手。

"平安无事！我们上船！"

朱德像下令一样，大手一挥，随员跟着他前往登船。

轮船逆水而上。

朱德一到武汉，就向中央军委汇报了南昌发生的反共事件。

7月中旬，中共中央在武汉召开会议，做出在南昌举行暴动的初步决定。因为朱德在南昌有一定基础，对情况熟悉，就派他先赶回南昌做准备。

7月20日中午，朱德乘船来到九江，直接到赣北警备区司令部去见国民革命军第五方面军第九军军长金汉鼎。（金汉鼎兼赣北警备区司令）

金汉鼎见到朱德，急急说道："玉阶兄，我奉命上山，有话咱们到船上说吧！"

上船后，金汉鼎告诉朱德，他刚刚接到朱培德从庐山上打来的电话，汪精卫、张发奎都已到了牯岭，要他立即上山，有要事相商。

"有啥子要事？"朱德不解地问。

"我也不是很清楚，只是近来风声很紧，流言蜚语不断，像是要发生什么事变。"

"益之（朱培德的字）最近的态度如何？"朱德试探着问。

"目前的形势下，他当然要倾向于汪精卫。"金汉鼎回答。

"铸九（金汉鼎的字），在这多事之秋，你有何打算？"

"我还能有什么打算，跟着益之一起干呗！"金汉鼎无可奈何地说。

"铸九，江西的这群人马已不愿再革命了，我们一起到广东去，建立新的革命根据地，重振北伐大业！"

"玉阶兄，你刚到江西，对近来这里发生的一切还知之甚少，凡事还要谨慎行事！"金汉鼎婉言拒绝了朱德的相邀。

船行驶到莲花洞，去南昌的火车已经没有了。金汉鼎约朱德上庐山夜宿，朱德谢绝了金汉鼎的邀请，继续留在莲花洞，等待第二天的火车。

朱德刚到南昌，立刻去密访他的好友李团长。

李团长对朱德的突然出现感到非常吃惊，他用疑惑的口气问：

"玉阶兄，你一定是和总指挥（朱培德）在山上会面了？"

李团长用试探的语气打探着朱德的真实行踪。

他一听朱德说离开南昌后，一直住在金汉鼎那里，在庐山又会见了朱培德，由此推断朱德和朱培德、金汉鼎的关系非同一般。他心里的疑团顿时解开了。所以不停地为朱培德之举说好话：

"总指挥的用心，人所共知。我是很理解的，他也很够朋友。不过，也有那么一些人，真是不够朋友。他们见风使舵，更有甚者是诬陷邀功，卖友求荣。古人说得好'广交天下士，知心能几人'，这句话真是千真万确呀！"

朱德借机假意感慨了一番，有意试探李团长的态度。李团长此时唯恐朱德怀疑他会做出卖友求荣的事，急忙再三表白自己。

当他听说朱德的去留问题还未决定，便立即邀请朱德在行踪未定之前，住在自己家里，并且保证朱德的人身安全。

朱德以"不便打扰"为由，麻烦李团长给他另找一个安静的住处。

于是，在李团长的安排下，朱德又回到了原来居住的花园角2号。

就在同一天，中共江西全省代表大会推选罗亦农为书记，陈潭秋同志负责组织工作。大会对全省的革命形势做了具体分析，同时听取了代表们对各地工农运动情况的汇报。

朱德在花园角2号住下之后，就立即同江西省委取得联系，向省委的主要负责人罗亦农、陈潭秋等通报了中共中央关于南昌起义的决定，并同他们一起共同发动举办人民团体，成立了"南昌市民欢迎铁军大会筹备处"，积极筹设接待站、运输队等，并为即将进入南昌参加起义的部队，预先找好适宜的驻地。

朱德受党的重托，回南昌的重要任务之一就是侦察敌情。所以他马不停蹄地"拜访"各界人士，特别是驻南昌的高级官员，弄清了南昌及其附近驻军的部署、人员、武器、装备以及设防与火力配备情况。回到住处，朱德又将侦察到的情况仔细地标示在地图上。

27日，周恩来秘密来到南昌，当晚就在朱德寓所见到了朱德。

当朱德得知周恩来是奉中共中央之命发动和领导南昌起义的总负责人后，把自己绘制的地图拿出来，向周恩来作了详细的汇报。

周恩来听完他的汇报，又看完地图，高兴地说：

"好极了。你为南昌暴动立了头功！"

也就在这一天，叶挺率第十一军第二十四师、贺龙率暂编第二十军先后进入南昌。同一天，又成立了领导暴动的前敌委员会，周恩来任书记，李立三、恽代英、彭湃为委员。会上决定在30日晚举行暴动。

然而，暴动计划却因30日早晨赶来的中央代表张国焘而改变。张国焘坚持认为应争取张发奎参加，否则不能举行暴动。周恩来等人认为张发奎一心投靠汪精卫，决不会同意这个暴动计划，双方发生激烈争辩。

31日，前敌委员会再次召集会议，又辩论了几个小时。最后张国焘表示服从多数人的意见。这样，会议决定8月1日凌晨2时举行暴动。

7月31日晚，朱德部署好军官教育团和南昌警察厅参加起义的工作后，遵照前委的指示，去完成一项特殊的任务。

他的这项特殊的任务就是宴请朱培德的一些军官。他举办了一个宴会，邀请第三军在南昌的两个团的团长和团副参加。

这两个团是朱培德的主力团，是起义军的劲敌。如果能拖住这两个团的指挥官，将大大有利于起义军。第二十三团团长卢泽明和二十四团团长萧曰文应邀带着他们的团副一起来赴宴，他们对朱德将军的邀请有点受宠若惊。

宴会设在距离两个敌团相距甚远的城西大士院街口的嘉宾楼上，这是朱德有意安排的调虎离山计，当然是离得越远越好。

朱德在嘉宾楼里盛情地款待着各位客人。酒席上，众人推杯换盏，一直持续到夜里9时。眼看就要打烊了。朱德一看时间还早，就建议大家一起去打几圈麻将。

酒足饭饱的客人们对朱德的再次邀请毫不推辞，随朱德来到附近的大士院32号。警卫员刘刚按照朱德的吩咐，把客人的几个卫士也请到了旁边的小酒馆里喝酒去了。

几个军官相继入座开局。

已快到午夜时分，四圈麻将还未打完，突然有人急促地敲门。大门一开，一名二十四团的副官急急忙忙闯进，向萧曰文报告："报告团长，9点接到指挥部通知，说贺龙的一个副营长密报，明晨4时共党要暴动……命令各团立即采取应急措施，严加防范！"

几位兴致正浓的敌军官立刻吓呆了，坐在那呆呆的，一动不动。随后萧曰文知道坏了大事，向副官大发雷霆。

几位军官此时已变成了热锅上的蚂蚁，在地上走来走去，神色慌张。

朱德见此情景，若无其事地劝说他们打完四圈。几位军官早已惶恐失措，哪儿还有心思玩儿，纷纷告辞离去，直奔自己的营区。

待客人走后，朱德立刻赶往贺龙司令部，告诉他们消息已走漏。前委得知这一重要情报，当机立断，起义提前两个小时举行。

从贺龙指挥部出来，朱德又赶到好友李世龙团长家，他想拖住李世龙，正巧团副蒋文光来报告贺龙部队的运动情况，未及蒋文光开口，朱德拉了他说到街上走走，便离开了李世龙家。

没过两小时，街上响起了枪声，暴动开始了。朱德原来领导过的军官教育团的学员有三个连参加了起义，公安局也有一些人参加。

到清晨6时，南昌城里国民党军队全部肃清，起义取得了成功。从此，中国共产党走上了武装斗争的道路。

南下之战

南昌起义之后，起义军共有约两万两千人。根据中央原定计划，起义军要撤出南昌开往广东的东江流域和潮汕地区。

朱德被任命为先遣司令，带领第九军教育团提前大部队两天南下。

南下要经过的第一个重镇是临川。驻守临川的国民党军官是杨如轩，是朱德的多年同窗，得知朱德率军开过来，念同窗之谊把部队撤到城外，给朱德让出一条南下大路。

8月6日，朱德率起义军先遣队进入临川，受到全城各界群众的热烈欢迎，还吸收了几百名工人纠察队员和农民自卫军队员充实部队。

8月12日，朱德率队离开临川继续南进，在壬田把钱大钧派来堵截的两个团击溃，乘胜攻占了瑞金。

在瑞金缴获了敌人的情报，得知钱大钧和黄绍竑两支部队正在紧急集结，要对起义军围追堵截。朱德决定趁黄绍竑的部队还未赶到，先击溃会昌的钱大钧的部队，然后再南下。

这时，后续大部队已经开到，同意朱德的建议。于是贺龙率第二十军的第一、第二师为总预备队驻守瑞金附近，以策应和支援各方。由叶挺和朱德率右纵队和左纵队进攻会昌。

30日凌晨进攻会昌战斗打响了。

朱德率左纵队向会昌东北高地推进，不久遇上钱大钧四个团的阻击，两军激战起来，敌人占据有利地形，起义军反复冲杀，形成拉锯状态。

因为叶挺的右纵队的一个师在夜间走错了路，城西的主攻一直没打响，守军又向朱德的左纵队投入兵力，展开猛攻。

朱德指挥左纵队顶住敌人的猛攻，直到叶挺的右纵队发起进攻，对敌人形成夹击，激战到下午4时，把钱大钧部全线击溃，追击三十里，钱大钧部死伤、被俘和逃散六千余人，只有三千来人退走。

会昌之战是起义军离开南昌后的第一场恶战，也是一次大胜。起义军也伤亡达一千人。

会昌战斗后，起义军鉴于寻邬至东江一线敌人已派重兵把守，只好改道走福建长汀、上杭，想沿汀江南下东江地区。

起义军在越过闽赣边境的武夷山后，9月5日开进长汀。在长汀对如何夺取东江，前敌委员会进行讨论。

周恩来和叶挺主张主力军由三河坝经松口取梅县，再经兴宁、五华取惠州，以小部分兵力（最多两个团）攻取潮汕。因为潮汕空虚，容易占领。

另外还有一种意见：主张以主力夺取潮汕，留一部分兵力在三河坝监视梅县的敌人，然后再经揭阳出兴宁、五华取惠州。

后一种意见得到共产国际军事顾问的支持，所以就形成了三河坝分兵的决策。

分兵计划是：由周恩来、贺龙、叶挺、刘伯承等率大部队直奔潮汕；由朱德、陈毅率领第十一军的第二十五师和第九军的教育团约四千人留守三河坝，以防敌军从梅县抄袭大部队的后路。

朱德知道三河坝位于三江汇合处，敌人开过来，他们只能背水而战，这是兵家大忌。

他果断决定把部队转移到三河坝对岸的笔枝尾山、龙虎坑、下村一带布防，连夜构筑工事，把指挥部设在龙虎坑东边的高地上。

刚布防完毕，半夜，钱大均亲自率领经过补充的三个师约两万人就气势汹汹地杀到了。他们借夜色掩护，用二十多条木船偷渡，向起义军阵地开始了进攻。

早在滩头阵地埋伏好的起义军战士遵照朱德"到河中间再打"的命令，一齐开火，敌人大部分船被击中，敌兵死伤跳水无数，剩下的几条船急忙逃回对岸。

第二天，钱大钧又指挥抢来的十多条民船，趁浓雾抢渡韩江，又被起义军打了回去。

10月3日拂晓，韩江江面上雾更大了。钱大钧调来大批船只，在密集炮火的配合下再次进行强渡。有一部分敌人强渡成功，抢占了起义军第七十五团防守的滩头阵地，双方反复争夺，打得异常激烈。

到下午3时，又有一股敌军强渡过江，抢占了梅子一带，对起义军形成了两面夹击。

到天黑时，起义军已陷入渡过江的敌人的三面包围。

朱德知道已经完成了掩护主力进军潮汕的任务，与敌人拼杀了三天三夜，没必要再拼下去了。于是命令第七十五团的第三营掩护，其余部队交替掩护，迅速转移。

"要革命的跟我走"

10月6日清晨，朱德率领第二十五师约两千人撤出三河坝，取道饶平进军潮汕，去与主力会合。

可是，他们7日晨在饶平北面的茂芝，遇见起义军大部队从潮汕败退下来的二百多官兵（粟裕就在其中）。

"出了啥子事？"朱德问这支队伍的军官。

"全完了！"军官流着泪说：

"主力在潮汕遇上敌人重兵围攻，被打散了！"

闻言，连朱德在内的官兵们都惊呆了。

他们为主力的失败痛惜，也感到自身处境的险恶。

因为在他们周围有敌人五个多师，近四万人，主力一被打散，他们成了一支孤军。

朱德和几个主要领导干部研究后，决定部队必须尽快离开，摆脱险恶处境。

于是立即召开军官会议，会上朱德介绍了主力在潮汕失败的情况，然后说：

"我是共产党员，我有责任把'八一'南昌起义的革命种子保留下来，有决心担起革命重担，有信心把这支革命队伍带出敌人的包围圈，和同志们团结一起，一直把革命干到底！"

有个军官说：

"不管怎么说，先转移到安全地方再说吧。革命不革命的得先保住脑袋！"

又有一个军官说：

"这么多人转移目标太大，不如分散开。更有利于隐蔽！"

朱德说：

"不能分散，那与解散有啥子区别，与逃跑有啥子区别！我看只要我们行动隐蔽，避敌迅速穿插行进，甩掉敌人是可能的。现在关键是我们这些人不要对革命失去信心。"

会议最后决定隐蔽北上，穿山西进，直奔湘南。

会议之后，部队立即开拔，一路急行，经麒麟岭，过闽粤交界的柏嵩关，进入福建，再沿闽粤边界北上。

10月16日到福建的武平，这时部队还有两千五百多人。可是，17

朱德骑马像

日钱大钧部一个师就追了上来，双方展开激战。一仗下来，伤亡加上散失，部队只剩一千五百多人。

朱德又率领这支部队向西北转进。

这天来到闽赣边界的石径岭。

石径岭位于武夷山的最南端，要通过只有一条石径山路，路口名叫隘口，非常狭窄，两旁山势陡峭，难以攀援。

起义军来到隘口时发现已被敌人占领。

别无他途，唯有拼死夺路逃生。起义军开始猛攻，可是敌人在暗处，有掩体，起义军攻了几次都被打退回来。朱德来到前面，见状立即下令停止攻击。

"为什么停下来？"一个浑身血污，用绷带缠着头的军官拎着手枪来到朱德面前问。

"现在不是给你们上课的时候，你从现在开始带人佯攻，牵制敌人火力。"

朱德拔出驳壳枪，对身后的人说：

"你们几个人跟我来！"

说完率先奔向一旁的树林，带领跟来的几个人攀上峭壁，登上隘口的顶部，在侧后方对隘口掩体里的敌人发起了攻击。

敌人猝不及防，又不避虚实，纷纷逃散，让正面佯攻的部队趁机杀进隘口。

朱德威风凛凛地站在一处断壁上，手里晃着驳壳枪，指挥起义军迅速通过隘口，这时他在战士们眼里已不仅是宽宏大度、和蔼慈祥的长者，而且是一个英勇善战的猛将。

石径岭战斗之后，起义军摆脱了敌人追击，10月下旬，到达江西安远县的天心圩。

到天心圩，部队总算可以喘一口气了，可解散的建议又提出来，悲观失望的情绪在可怕的蔓延。有些官兵干脆不声不响地开溜。

起义军仍然四面受敌，孤立无援，没了追兵，地主武装和土匪却不断袭扰。加上饥寒交迫，疾病流行，处境越发艰难。

对此，朱德看在眼里，急在心头。

一天傍晚，朱德下令排以上军官在河坝子里集合开会。他见军官们都到齐了，便慢慢走到军官们跟前。

他穿着一身洗得发白的灰布军装，背着斗笠，脚上是一双用绳子左缠右缠的破草鞋。脸颊黑瘦，胡子挺长，而目光却坚定中透出一股威严。

他缓缓地说：

"大家知道，大革命是失败了，我们的起义军也失败了！但是革命的旗帜不能丢，武装斗争的道路要走下去，我们还是要革命的。同志们，要革命的跟我走，不革命的可以回家，决不勉强！不过，武器必须留下！那是同志们用生命和鲜血换来的……"

"跟着朱军长干革命"

南昌起义之后，朱德率领部分起义军，踏上曲折的征途。

从安远到信丰的途中，遇到了赣南特委派来接头的同志，朱德第一次获悉毛泽东率秋收起义的部队到了井冈山地区。同时，也知道了钱大钧停止了追击，赣南只有刘士毅一个旅驻在赣川，信丰没有正规的部队，只有一些地方的武装。

朱德下令提高行军速度，抢占信丰。起义军赶到时，城门大开着，没放一枪一弹，起义军就占领了信丰城。

信丰是赣南山区的一座小城。因为没有经过战乱，城市里的生活秩序井然，商店、饭馆、钱庄照常营业。

起义军经过长途征战，饥寒交迫，一直没有得到休息，加上集结以来，没有进行统一整编，管理松懈，纪律不严。进城后，起义军不少不良分子，恶习不改，发生了煽动战士抢当铺的事件。

有的钻饭馆里大吃大喝，分文不给。老板讨钱时，他把枪口对准人家，一拉枪栓，把老板吓跑了。更有甚者，闯进当铺，把手榴弹往柜台上一放，故意拉出导火索来抖一抖，老板吓得魂不附体。

他们还鼓动大家说，开当铺的都是吸血鬼，发的是不义之财，大家可以任意拿东西。许多战士都是出身贫苦，受过当铺的盘剥，一下被煽动起来，蜂拥而上，把个当铺抢了。立刻引起连锁反应，店家纷纷关门闭店，街坊四邻人心不安。

此时，朱德正在邀请信丰各界代表开会，向他们深入宣传起义军宗旨，争取他们给予大力支持。会议开得很热烈。

朱德正在讲话时，突然，一名副官急忙报告当铺被抢之事。朱德立即让陈毅去处理。

紧急集合的号声吹起来了。陈毅集合部队，朱德随后也赶来了。

陈毅满脸怒气，开始讲话：

"同志们，今天为啥子像发现敌情一样，把大家拉到这个山沟沟里来呢？因为，发生的事情，比发现敌情还紧急，还严重！有些坏家伙想搞垮我们的队伍！"

大家还没弄清是怎么回事，但感到事情是严重的。不然，一向平易近人的朱将军不会一脸怒气。

"我们队伍里有人犯罪！有那几个害群之马，胆大包天，居然在光天化日之下，煽动我们的战士哄抢一家当铺，钱财物件，抢了个精光，闹得满城风雨，街面上的店铺老板吓得都关上门板。你说这个影响多坏哟！"陈毅一贯是喜怒哀乐易于流露。他挥动着那双大手说：

"这完全是土匪行径，他们举革命的大旗干土匪的勾当。这严重地败坏我们的声誉，往我们脸上抹黑！是涣散我们的斗志，瓦解我们的队伍！同志们，我们共产党领导的队伍，能不能允许发生这种事情？"

"不能允许！"几百人异口同声回答着。

"对，决不允许！我们是革命的队伍，是人民的武装。我们要维护人民的利益，保护人民财产，同时也保护城镇工商业。你们还记得贺龙总指挥在南下途中颁发的布告吗？我可以背给大家听么：'对于商界同胞，买卖尤属公平。士兵如有骚扰，准其捆送来营。本军纪律森严，严惩决不姑徇。……'可是，今天有人胆大妄为，以身试法。对于这次煽动并领头哄抢当铺的两三个人，一定要处以军法。"

正说着，那些参加哄抢的人，一个个红着脸，把抢来的东西交了上来，队前堆起了高高的一大堆。由此看来，紧急集合这一着，确实高明。不仅有效地制止了事态的发展，而且人赃俱在。

陈毅对自己处理这件事的效果颇为满意。他接着说：

"知错能改就是好同志！千万不要以为上馆子白吃白喝，敲诈一下店老板犯不了大罪，要知道这是比什么都厉害的烂药，是腐蚀剂。

如果不纠正，让其发展，能把革命队伍炸掉，在不知不觉中变成军阀部队，老百姓再也不会支持我们，甚至反对我们，打倒我们，我们就要垮台！"

这时，陈毅下令把三个带头闹事的抓了起来，三个兵痞子要举枪反抗，幸好被周围的士兵摁倒在地。警卫排的战士把他们三人捆了起来。他们的反抗行为进一步激怒了官兵。陈毅同朱德、王尔琢商量后决定：立即枪决。

枪声响起，震撼山岳，也向官兵们敲响了警钟，革命的纪律是无情的。

陈毅又对大家说："我讲过，我们要做失败时的英雄。在这方面朱军长为我们树立了榜样。他参加革命前，在滇军是赫赫有名的旅长。那时，他啥子没有？他却抛弃了高官厚禄，于1922年加入了中国共产党。他为了什么？不是为自己，是为了革命。在革命受到挫折时，有他领着大家继续革命，他坚信革命一定会胜利！我们应该拥护朱军长，跟着他革命到底！"

"跟着朱军长干革命！"

随着他激动人心的讲话，天心圩整顿开始了。

随后，又在大余地区进行了整编，在上堡进行了整训——进行遵守纪律的教育和变正规战为游击战的军事训练。

以上就是"赣南三整"，共用二十天左右。

经过"赣南三整"起义军人心稳定了，素质也有所提高。但给养和弹药仍无法解决。天近隆冬，起义军却穿着单衣，有的还穿着短裤，打着赤脚，常常挨饿，伤病员得不到治疗。这一切都在折磨着朱德的心。

与范石生接头

在1926年，范石生的滇军第二军改编为国民革命军第十六军前后，周恩来通过内线，把通过训练的云南籍共产党员，派到十六军中，组成了政治部。

范石生是朱德在云南陆军讲武堂的同班同学，两人曾结拜为兄弟，一起秘密参加同盟会，一起跟蔡锷参加过护国讨袁战争。后来范石生成为滇军高级将领，参加过讨伐陈炯明，因立功受到孙中山嘉许，明令授予上将军衔。他与蒋介石有矛盾，同粤系、桂系、湘系军阀也都有矛盾。

"四·一二"反革命大屠杀之后，蒋介石下令"清党"，范石生对蒋介石的指令不予理睬。所以，十六军中还一直保存着共产党的秘密组织。

在南昌起义军南下广东时，周恩来特意为朱德写了组织介绍信，以便与范石生部队联系时，好与十六军内的共产党组织接上头。

朱德得知范石生的第十六军从广东韶关移防到与崇义接邻的湖南郴州、汝城一带后，同陈毅商定，由朱德亲笔写一封信，通过当地党组织送给范石生，希望与对方合作。

也是在这时，范石生得知南昌起义失利后，朱德仍带着一支部队转战赣南，也曾几度派人秘密寻找朱德。

一天，正赶上上堡集市，四面八方的人们都来赶集，非常热闹。

突然，一个陌生人肩挑箩筐，走到起义军驻地真君庙门前，笑哈哈地说：

"请通报一下朱军长，我有要事求见。"

"你是何人？从哪里来？"卫兵上下仔细打量来人：穿的倒像农民装，还赤脚穿着一双草鞋，但那白白净净的脸，怎么看也不像个农民。

"我叫韦伯萃，从汝城来。"陌生人从容地回答。

卫兵一听"从汝城来"，觉得有些不对。心想那里不是驻着国民党的十六军吗？沿途岗哨林立还不说，还有胡凤璋的民团、何其朗的土匪拦劫，那他是怎么来的？为什么来此？还一来到就要找朱军长？想到这里，便又追问道："你有什么事？就对我说吧！"

"我给朱军长带来一封信。"

"那就交给我吧，保证送到。"卫兵伸手要信。

"捎信人再三叮咛，一定要面呈朱军长。"陌生人面有难色地说。

卫兵又对陌生人上下审视了一遍，说：

"那就请你在门外稍等一会儿吧！"说完转身进去报告。

不一会儿，卫兵和朱军长的警卫员小张一块儿出来了。卫兵说："你跟他进去吧！"

陌生人进了庙门，一眼就看见了站在殿台阶上的朱德，上前恭恭敬敬鞠躬行礼，说："报告朱军长，范石生军长派我送信来了！"

"你是何人，怎么认得我的？"朱德不觉有点惊讶。

"1922年，在昆明上学时，见过您。那时，您当警察厅长。我们闹学潮反贪官污吏，被逮捕了，是您出面说话放了我们的。"

朱德让客人进到屋里。送信人一面说着，一面撩起衣襟，撕开衣服里子，拿出一封信。

朱德一下子就认出是范石生亲笔所写：

玉阶吾兄大鉴：

春城一别，匆匆数载。兄怀救国救民大志，远渡重洋，寻求兴邦立国之道。而南昌一举，世人瞩目，弟感佩良深。今虽暂处逆境之中，然中原逐鹿，各方崛起，鹿死谁手，仍未可

知。来信所说诸点，愚意可行，弟当勉力为助。兄若再起东

山，则来日前途不可量矣！弟今寄人篱下，终非久计，正欲与

兄共商良策，以谋自强。希即枉驾汝城，到日唯处一晤。专此

恭候。弟筱泉顿首

朱德看完信后，微笑着问客人怎么来的。

"我是受党组织的委派，为范军长专程送信来的。党组织经反复

研究，因为我见过朱军长，所以就决定派我来了。"

朱德一听是党内自己人，倍感亲切，非常关切地问军中同志们的

情况。

韦伯萃说都很好，然后就详细地介绍了党组织在十六军中的情

况。接着说：蒋介石发动"四·一二"反革命政变后，国民革命军各

部奉命"清党"时范军长声令"敝军之内无共党，无从清起"。所

以，十六军中保存了党组织，只是把公开活动都改为地下活动了。

朱德送客人休息后，就令警卫员去请陈毅和王尔琢。

陈毅、王尔琢一进门，朱德就说：

"好消息，范石生来信了，你们快来看，范石生还真是一个有

眼光有胆识的人。你看这信上说'鹿死谁手，仍未可知'，希望我们

'再起东山'。我们一些同志悲观失望，可他却晓得这个道理。难怪

中山先生把他誉为'军中一范'。"

陈毅仔细看过来信后，说：

"山重水复疑无路，柳暗花明又一村。我看，范石生这个朋友是找定了。"

这就更坚定了朱德同范石生接头的信心。朱德又和陈毅、王尔琢几个领导干部一起详细地分析了当前形势，觉得同范石生合作是可行的，也是可能的。

朱德便向全体党员讲了同范石生合作的意义和目的，统一大家的思想认识。

多数人觉得同范石生合作，是保存革命力量一个难得的机会，对革命斗争有利。但也有人对和范石生合作提出异议：

"范石生是地道的军阀，军阀还能支持革命？"

"范石生人多势众，我们力量单薄，弄不好，就让他吃掉了。"

这时，陈毅起来向大家解释：革命，离不开主力军，这是基本队伍。但是，革命也需要同盟军，要有朋友，不能孤军奋战。革命，人多好呢？还是人少好呢？我看还是人多好点，常言道：多个朋友多条路嘛！至于范石生是不是军阀，自有公论，我们今天不去讨论。即使他是个军阀，今天支持革命，就是我们的朋友，明天他反动了，反对革命，那就是我们的敌人。再说，我们同范石生的合作是有原则的。我陈毅是支持同范石生合作的。

大家认识一致了，同意在原建制不变，保证组织上独立，政治上

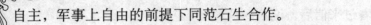

自主，军事上自由的前提下同范石生合作。

11月20日，朱德决定亲自带一个卫队去汝城找曾曰唯谈判。卫队有五十多人，是由警卫排和教导队组成的，多数是挑选出来有战斗经验的干部，带上最好的枪支，备足了弹药。因为途中要经过土匪何其朗的地盘。

朱德率领卫队翻过渚广山，进入了湘南地界。

小分队进入濠头圩后，在一座祠堂里住了下来。朱德命令卫队设岗放哨，封锁消息，以防惊动附近的何其朗土匪。他和警卫员就住在祠堂后院伙房旁的一间小屋里。

半夜却被土匪包围了。

随员往外冲杀出去，朱德想冲出时土匪已冲进院子堵住去路，他灵机一动，把驳壳枪贴身藏好，躲进厨房，拿起一条围裙系在腰上。

刚系好，几个土匪就冲进来，用枪逼住他。

"你是什么人？"一个看上去像头目的土匪恶狠狠问。

朱德不慌不忙地说：

"我是伙夫头。"

土匪头目上下打量着他，又问：

"你们朱司令呢？"

朱德指着后面的房子，说：

"他住在那边。"

土匪头目急忙领着几个土匪冲向后面去了。

朱德扯掉围裙，从窗户跳出，脱险而去。

到汝城后，朱德同曾曰唯进行了两天谈判。谈判中，对方答应他提出的三个条件。双方达成协议：

一、起义军的编制、组织不变，要走随时可以走；

二、起义军用第十六军四十七师一四〇团番号，朱德改名王楷，任四十七师副师长兼一四〇团团长（不久，朱德又被委任为第十六军总参议）；

三、按一个团的编制，先发一个月的薪饷，并立即发放弹药和被子、服装。

对这份协议，范石生是认真执行了的。

朱德说："他接济我们十万发子弹，我们的力量又增强了。他还一同接济万把块钱、医生、西药、被单……在红军的发展上来讲，范石生是值得我们赞扬的。"

时在范石生身边的严中英回忆说：

"范对我说：'这支部队现在还穿着单衣短裤，没有盖的。天气这样冷，就得先把棉服军毯送过去。'我从侧面了解，范对这部红军是按照一个团的军需品和粮饷给予补充的。后来朱总司令把部队带过十六军的驻地时，我看到战士们穿着新发的棉衣，在服装方面，与范军没有什么区别；但在精神和态度上，却与国民党部队截然不同，尤其引起我注意的是，在队伍中分不清谁是官，谁是兵，大家说说笑笑，亲如一家人，我见了感到很新奇。"

以后，陈毅、王尔琢率领部队开到汝城西北方向的资兴。在资兴时，又从范石生那里领了五六十万发子弹。

在这段时间里，朱德以第十六军总参议的名义，经常到军部与范石生会晤，谈笑风生，非常自如。他们有时讲到在昆明翠湖之滨一起相处的岁月，有时讲现时中国革命的前途，相处得十分和谐。

朱德在讲到与范石生合作的意义时，说过：

"范石生之所以与我们达成协议，实现联合，是想扩充队伍，壮大实力，同蒋介石及其军阀对抗。我们这样做，是为与范部建立统一战线，以他为掩护，隐蔽目标，积蓄与发展力量，但决不放弃原则，服从他人，也决不能束缚住自己的手脚。我们应该独立自主地进行活动。"

大家一致同意朱德的讲话。

12月份，这支部队又从资兴南下，进入粤北，转移到昭关西北三十里的犁铺头。他们这次开向广东，原来接到广东省委指示去支援广州起义。但到粤北时，广州起义已失败了，就在犁铺头进行休整。

朱德找来教导队大队长李奇中，对他说：

"就现在情况看来，我们像现在这样安定的机会不多，敌人总要打我们，我们总是要打仗的。以后打什么样的仗，仗怎么打，大家并不了解，我们要抓紧一切机会训练部队，让他们经常学到新的作战知识才行。"

在训练时，朱德亲自讲课，他要求部队抛弃旧的队形，改为梯次配备的疏开队形，以减少密集队形受到敌人火力的杀伤；要求指挥员重视对敌情的搜索和侦察，不摸准敌情不下手；要求士兵除了熟悉手中的武器外，一定要做到不靠近敌人不开枪，打不中不开枪。

他反复强调："一定要让每个同志牢牢记住，我们人多枪少，不能和敌人硬拼。我们要瞅住敌人的弱点，我们要实行避实就虚的游击战术。"

他们不论在驻防或行军时，照常打击当地的土豪势力，有时还处决一些民愤极大的恶霸地主。范石生听到有人向他报告，但从没有过问和制止过。

由于朱德把起义军及时地隐蔽进范石生的部队，不仅使起义军摆脱困境，还在给养弹药上得到很好补充。

但好景不长，1928年初，蒋介石知道了这件事，他密令范石生解除起义军武装，逮捕朱德。

智取宜章

范石生接到蒋介石的密电后，立即让秘书去通知朱德速带部队离去。他给朱德写了封亲笔信表示爱莫能助，还给朱德一万块钱。

朱德开始准备按照广东省委的意见，去东江同广州起义的余部会合。部队刚到仁化，突然发现国民党第十三军的部队正沿浈水开往仁化的南雄，切断了起义军前往东江的去路。朱德果断决定，在收集一部分广州起义的失散人员后，起义军折向湘南。

1928年1月5日，打着国民党军第一四〇团旗号的起义军到达广东乳源县的杨家寨子。

在杨家寨子起义军见到了一支农民武装的首领胡少海。

胡少海家是宜章的富户，可他却"反叛"从事了革命。

朱德率部要从杨家寨子进入湘南，必先攻取宜章县城。

宜章县城没有国民党正规部队，只有五百多名民团。可是座石头城，易守难攻。如果强攻肯定会有很大伤亡，又担心周围敌人闻讯杀来。

就如何打宜章，军官们纷纷献计，但朱德听完后却笑着说：

"我倒有个办法，就是智取。"

1月11日，胡少海以国民党第十六军一四〇团团副的身份"荣归故里"，带先遣队回到宜章县城。他让先遣队布哨，并换下了团防局的哨兵，控制了城内交通要道。

12日，朱德率起义军大摇大摆开进宜章城，当地官员、士绅都出来迎接，让起义军临时进驻县女子职业学校。

而后，县长设宴为朱德等接风洗尘。当地主要官员和知名士绅都出席了宴会。

酒过三巡，朱德才拍案而起，大声说：

"我们是中国工农革命军，来人，把这些贪官污吏，土豪劣绅全部抓起来！"

几乎同时，起义军在陈毅、王尔琢和指挥下轻而易举地解除了团防局和警察局的武装。

接着，朱德下令打开监狱释放革命者和群众，并开仓放粮。

1月13日上午，中共宜章县委在城内西门广场召开群众大会。会上朱德根据广东省委的指示，郑重宣布起义军改名为"工农革命军第一师"，朱德任师长，陈毅任党代表，王尔琢任参谋长。在这里，他们第一次举起了镰刀斧头的红旗。

大会公审了宜章县长、原县长等人，并在会后执行枪决。

智取宜章的胜利有两个必要的条件：一是起义军还是范石生部队的全套装备，当然容易让人相信；二是胡少海的"荣归故里"，起到了内应的作用。

朱德智取宜章的消息很快让控制着广东的李济深知道了，他密令发动"马日事变"、屠杀工农的刽子手、独立第三师师长许克祥"即日进剿，不得有误"。

许克祥接到命令对身边的人说：

"老子用六个团要吃掉朱德一个团，那还不容易！"

于是带着全师人马，从广东乐昌北上，向湘南杀来。

朱德早就预料到国民党的部队会来进攻，在春节前就把部队秘密撤出了宜章城，隐蔽在乡间，休整队伍，发动群众。

他已经意识到，南昌起义失败的原因之一，就是没有同当地农民运动结合起来。

宜章县委很快派人向朱德送来了许克祥进兵的情报。

朱德听完报告，立即召集主要将领开会研究作战方案。他提出在敌强我弱的情况下，决不能采取南昌起义后那种死打硬拼的方法，应该用游击战和正规战结合的打法，灵活机动地打击敌人。

一个军官说：

"朱师长，你是老将，也是名将，我们听你的，你说怎么打就怎么打！"

朱德呵呵一笑，说：

"不要这样说嘛。战场上形势千变万化，每个指挥员都要用脑子去打仗。"

为避敌锋芒，诱敌深入，起义军隐蔽在深山中的圣公坛。

朱德战前观察地形

许克祥带兵杀到，把教导队和补充团留在坪石镇，亲率两个主力团进到岩泉圩一带，又把另外两个团在坪石、长岭等地一线摆开，搜寻起义军。

但他得到的报告却是"朱德和他的部队去向不明"。

1月30日，朱德认为歼灭许克祥部的条件已成熟了，便令熟悉地形的胡少海率领一路迂回到敌后，堵截许克祥的退路，并阻击可能增援的敌人。他自己亲率一路精锐直扑岩泉圩去消灭许克祥的两个主力团。

1月31日早晨7时，许克祥的部队正在开饭，朱德率军如神兵天

147

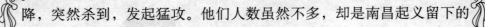
降，突然杀到，发起猛攻。他们人数虽然不多，却是南昌起义留下的精锐，许多是当年叶挺带出来的"铁军"，久经沙场，英勇无比。

许克祥狂叫顶住，可是哪里顶得住，往下败退时，侧后堵截的胡少海一路又杀了出来，一顿快攻猛打，许克祥前后受敌，只好下令向坪石镇撤退。

朱德下令两路军合成一路，乘胜追击，不给许克祥喘息的机会。

许克祥率残兵败将刚到坪石，还未来得及组织抵抗，朱德已率兵杀到，一阵猛打猛冲，把仓促应战的敌人打散，又狂追近二十里。

许克祥只带几个人跳上乐昌河边的一条小船逃跑了。

坪石是广东省北端重要市镇，许克祥把坪石作为大本营，囤聚了大量武器弹药和各种军用物资。这些当然都被起义军缴获，还俘虏了一千多人。

起义军主力人数还不到两千，却取得这样的战果，人们都说是朱德指挥得好。

会师井冈山

坪石大捷后，湘南各地农民受到鼓舞，在当地党组织的领导下，纷纷揭竿而起，武装斗争的烈火迅速燃遍湘南大地。

朱德在坂塘召开军政联席会议，决定工农革命军要积极配合各地农民起义，他让胡少海率农军返回宜章，把宜章独立团改编为工农革命军第三师，师长由胡少海担任。留守宜章并监视坪石、韶关方面。

朱德、陈毅率工农革命军第一师北上，按郴州县委的要求，去打郴州。

途中要打下大铺桥。当朱德得知驻守大铺桥的敌军两个营是刚组建的，有六个连都是学生兵，大部分不到二十岁，他制订"打虎牵羊"的作战方案。

简单说，就是打那些反动军官，把那些学生兵都"牵"过来，充

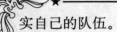

实自己的队伍。

开战之前，部队先喊革命口号，让学生兵放弃抵抗，开战之后，果然学生兵都不愿开枪。

一仗下来，把俘虏的这些学生兵的枪缴了，人送去宜章学习、培训。后来多数人自愿加入工农革命军。

对朱德的"打虎牵羊"方案，战士们非常佩服。

大铺桥失守，郴州守军弃城而逃。2月4日晚朱德率军开进郴州。

10日，朱德让陈毅留守郴州，他率军向耒阳挺进。

朱德在战斗前告诉战士们，说耒阳是座古城，是蔡伦的家乡，要注意保护。

16日，朱德率军隐蔽城外，让化装后的工农军混入城去。等城里火起，乱起来，城外的攻城部队开始攻城，一举攻破。

19日，耒阳成立了工农兵苏维埃政府。

朱德率部在打下耒阳后，又相继攻下了资兴、永兴、桂东、汝城等县城，并配合茶陵、安仁等地的暴动。共有十一个县的群众行动起来，组织起了地方武装，建立了苏维埃政府。

朱德发动的这次湘南起义，遍及20几个县，约有百万人以上参加，组建了三个农军师和两个独立团，影响巨大，意义深远。

1928年3月，蒋介石和汪精卫、唐生智的混战结束，他开始腾出手要扑灭湘南起义的烈火。湘粤军阀奉蒋介石之命纠集七个师，从湖南衡阳和广东乐昌两个方向南北夹进，进逼湘南。

朱德果断做出起义军退出湘南，上井冈山的重要决策。

湘南特委强调湘南起义军"守土有责"，主张与敌人硬拼，遭到朱德的坚决反对。

这时，毛泽东领导的秋收起义部队，离开井冈山，按湘南特委的要求进入湘南地区——毛泽东的意思是迎接朱德率部上井冈山，而湘南特委的意思是让他们下山助战。

3月29日，朱德率领部队完成了转移准备，他们从耒阳出发，经安仁、茶陵到达沔渡。不久，唐天际带领的安仁农军也赶来会合。

井冈山会师（油画）

在郴州的陈毅接到朱德让他向井冈山转移通知后，立即组织湘南各县党政机关向东撤退。4月8日到达资兴县城，意外地同井冈山下来的何长工、袁文才、王佐率领的工农革命军第2团会合。不久，黄克诚带着永兴的八百农军也赶到资兴。

毛泽东知道湘南起义军正向湘赣边界转移，4月6日率军离开桂东沙田，向汝城进发，以牵制敌军，掩护湘南起义军。在攻占汝城后，4月中旬，到达资兴县的龙溪洞，同萧克的宜章独立营五百多人会合。

4月中旬，陈毅率部及何长工带领的井冈山方面的部队到达沔渡与朱德部会合。

朱德见到何长工，笑着问：

"毛泽东同志什么时候能到？"

何长工说：

"两天左右可能到宁冈。我先带第二团赶回宁冈，准备房子和粮食。"

然后，率第二团先行出发了。

随后，朱德、陈毅率部到达井冈山下的宁冈砻市，分别住在附近的几个小村子里。

4月下旬，毛泽东带领部队从湘南的桂东、汝城返回砻市。当他得知朱德等人住在龙江书院，立即带领何挺颖等人匆匆前来相会。

朱德等人听说毛泽东来了，急切地往一起奔去，特别是朱德和毛

泽东，都加快了脚步———他们多么渴望能并肩战斗啊，这一天终于
来了。

终于走到了一起，两只巨人的大手终于紧紧地握在了一起。

他们互相摇动着手臂，显得这样热烈而深情。

其他人也互相握手，问候。

欢笑与喜悦洋溢在每个人的脸上，春风吹拂着每个人的心头。

这时，朱德四十二岁，毛泽东三十五岁。

朱德对井冈山会师，新中国成立后曾赋诗一首：

朱德在解放战争时期

红军荟萃井冈山，

主力形成在此间。

领导有方在百炼，

人民专政靠兵权。

1930年8月，朱德任中

国工农红军第一方面军总司

令、中国工农红军总司令。

在中共六届三中全会上当

选为候补中央委员。1931

年中华苏维埃临时中央政

府成立，任中央革命军事委员会主席。1934年1月在中共六届五中全会上当选为中央政治局委员。1937年抗日战争爆发后，任国民革命军第八路军总指挥（不久改称国民革命军第十八集团军司令）。1945年在中共七届一中全会上当选为中央政治局委员、书记处书记。在解放战争中，任中国人民解放军总司令。1949年中华人民共和国成立后，任中央人民政府副主席、中国人民解放军总司令。建国初期，兼任中共中央纪律检查委员会书记。1954年在第一届全国人民代表大会上当选为中华人民共和国副主席，在第二、三、四届全国人民代表大会上连续当选为全国人大常委会委员长。1955年被授予中华人民共和国元帅军衔。1956年在中共八届一中全会上当选为中央政治局常务委员，并任中共中央副主席、中央军委副主席。他是以毛泽东为核心的中共第一代领导集体的重要成员。1976年7月6日在北京逝世。